Collection dirigé

La Symphonie pastorale

André Gide

- des repères pour situer
  l'auteur, ses écrits,
  l'œuvre étudiée

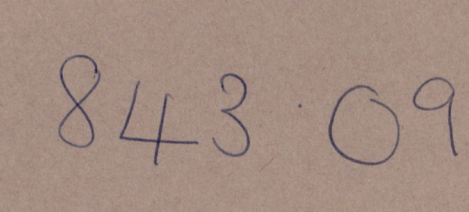

Docteur ès Lettres

© Éditions Nathan 1992, ISBN 2-09-180476-2

La vie d'André Gide

UNE ENFANCE INQUIÈTE
(1869-1880)

Né le 22 novembre 1869, Gide a souligné lui-même sa double origine: «Né à Paris, d'un père uzétien et d'une mère normande, où voulez-vous, Monsieur Barrès, que je m'enracine?» Son père, professeur de droit, est issu d'une famille huguenote du Gard, sa mère, de magistrats normands aisés et catholiques. L'enfant est surprotégé par une mère puritaine; maladif, il jouit d'une éducation désordonnée, ballotté entre diverses institutrices, professeurs de piano, institutions variées. En 1877 et 1882, il fait deux brefs séjours à l'École alsacienne, rue Notre-Dame-des-Champs, entrecoupés de «crises nerveuses» et de cures thermales. L'enfant, fragile et doué, ne supporte pas le milieu scolaire, en particulier au lycée de Montpellier, en 1881, ville où il séjourne avec sa mère, chez son oncle l'économiste Charles Gide. Les souvenirs du lycée nourriront le personnage de Boris dans *Les Faux-Monnayeurs*.

UNE ADOLESCENCE PURITAINE
(1880-1887)

À douze ans, en 1880, il a le chagrin de perdre son père, cultivé et tolérant, qu'il admire; désormais il va vivre dans une société exclusivement féminine, composée de sa mère, avec qui il s'entend mal, et d'Anna Shackleton, l'ancienne gouvernante de celle-ci, devenue son amie intime. Il passe les vacances tantôt dans le Gard, tantôt en Normandie chez les Rondeaux, dans la famille maternelle, où il joue avec ses trois cousines, dont l'aînée, Madeleine, est sa préférée; plus âgée de deux ans et plus mûre, elle l'initie à la poésie et lui communique son ardeur mystique. Des projets de mariage s'ébauchent, contrariés par Mme Gide.

ÉTUDES ET PROJETS LITTÉRAIRES
(1887-1893)

Le jeune André fait sa rhétorique à l'École alsacienne en compagnie de Pierre Louÿs, le futur écrivain, puis sa philosophie au lycée Henri-IV. Il obtient son bachot de justesse. Désormais, tout en s'inscrivant, pour plaire à sa mère, à la Sorbonne, il entend se consacrer aux lettres. Grâce à Pierre Louÿs, il est convié aux fameux «mardis» de Mallarmé, se lie avec Heredia et les symbolistes. À Montpellier, il fait la connaissance de Paul Valéry, puis, plus tard, entre en relation avec Oscar Wilde et Claudel. En 1891 paraît sans nom d'auteur sa première œuvre, *Les Cahiers d'André Walter*, écrite lors d'une retraite en montagne, près d'Annecy. Il se consacre à plusieurs revues. Réformé pour tuberculose lors de son service militaire en 1892, il connaît l'année suivante une crise majeure, due au conflit intérieur entre son éducation puritaine et ses pulsions homosexuelles, que va dénouer la découverte de l'Afrique du Nord.

LA RÉVÉLATION DE LA LIBERTÉ
(1893-1895)

Gide part avec le peintre Paul-Albert Laurens en Tunisie, puis à Biskra, en Algérie. Gravement malade, il guérit peu à peu, et rompt avec son puritanisme entre les bras d'une jeune Ouled-Naïl, Mériem, et surtout au milieu des jeunes garçons qui l'entourent. Le séjour inspirera *L'Immoraliste*, et surtout *Les Nourritures terrestres*. Il passe un hiver à la Brévine dans le Jura suisse, pays glacial où il écrit *Paludes*. Puis il repart pour l'Algérie en 1895, où il retrouve Oscar Wilde, l'écrivain anglais à scandales.

LA MATURITÉ MULTIFORME
(1895-1908)

Le 31 mai 1895, Gide perd sa mère en Normandie. Ce décès lui permet d'épouser enfin sa cousine, le 8 octobre. Le voyage de noces a lieu en Suisse, en Italie et en Afrique du Nord, où il termine *Les Nourritures terrestres*, publiées en 1896. Désormais, l'écrivain se consacre à une œuvre abondante. Uni à Madeleine par des liens affectifs et spirituels très forts avec, mais non consommés charnellement, Gide satisfait ses penchants pour les jeunes garçons, en particulier avec Athman, un jeune serviteur arabe qu'il retrouve d'un voyage à l'autre en Algérie. Résidant tantôt à La Roque, dont il est maire, en Normandie, tantôt à Paris, il fait construire en 1904 à Auteuil la Villa Montmorency, où il reçoit beaucoup en compagnie de Madeleine.

LE CHEF D'ÉCOLE
(1908-1914)

En 1908, Gide fonde avec un groupe d'amis la *Nouvelle Revue française*. La revue imposera peu à peu, au sortir du symbolisme, une esthétique de la rigueur et du classicisme, avec des écrivains comme Gide lui-même, Proust, Alain-Fournier, Giraudoux, Valéry, Martin du Gard. Gide participe régulièrement, à partir de 1910, aux Décades de Pontigny, fondées par Paul Desjardins. Sous l'influence de Claudel et de Francis Jammes, il songe à se convertir au catholicisme, tout en se méfiant de la forte personnalité du premier. *La Porte étroite*, en 1909, inspirée par son histoire avec Madeleine, obtient un vif succès, et plus encore *Les Caves du Vatican* en 1914, qui lui aliènent la sympathie des catholiques.

GIDE DANS LA TOURMENTE
(1914-1926)

Tandis qu'il travaille à ses mémoires, la guerre éclate. Non mobilisable, Gide s'occupe pendant dix-huit mois du Foyer franco-belge, et traverse une grave crise religieuse. Cependant, un fait majeur traverse sa vie, dont témoigne son journal: en 1917, il s'éprend du jeune Marc Allégret, fils d'un pasteur ami, dont il va faire l'éducation intellectuelle et esthétique, ce qu'il transposera dans *La Symphonie pastorale* (1919). En 1918, il emmène le jeune homme en Angleterre. Madeleine, mise au courant malencontreusement, brûle toutes les lettres d'André, ce qui provoque chez lui une crise profonde, qu'il racontera plus tard, après la mort de sa femme, dans *Et nunc manet in te* (1938). Une autre liaison, avec Élisabeth Van Rysselberghe, est à l'origine de la naissance de sa fille Catherine (1922). *Corydon*, apologie de l'homosexualité (1924), *Les Faux-Monnayeurs* (1925) et *Si le grain ne meurt* (1924) connaissent un grand succès, déchaînant les polémiques.

LE TEMPS DE L'ENGAGEMENT
(1926-1937)

Gide s'embarque avec Marc Allégret en 1926 pour le Congo et le Tchad, où ils restent une année entière à enquêter sur les abus des grandes compagnies coloniales. Par la suite, ce grand bourgeois découvre la «question sociale», s'intéresse au communisme, à la révolution russe. Il part en 1934 à Berlin avec Malraux, puis en 1936 en URSS avec un groupe d'amis. Accueilli triomphalement, Gide, à travers ses témoignages, ne cachera cependant pas ses déceptions. D'où encore de violentes polémiques.

L'APAISEMENT
(1937-1951)

Renonçant désormais à l'engagement, Gide entre dans une vieillesse sereine, assombrie par la mort de Madeleine (1938), puis par la guerre, qu'il passe en Afrique du Nord. Il publie son journal, reçoit le prix Nobel en 1948, est filmé par Marc Allégret (1950), s'entretient à la radio avec Jean Amrouche (1949). Il meurt le 19 février 1951 d'une congestion pulmonaire, salué comme un maître par toute l'intelligentsia.

VIE ET ŒUVRE D'ANDRÉ GIDE	ÉVÉNEMENTS POLITIQUES, SOCIAUX, CULTURELS
1869 Naissance à Paris, près du Luxembourg.	1869 Flaubert, *L'Éducation sentimentale*.
	1870 Guerre franco-prussienne. Défaite de Sedan. IIIe République.
	1871 Siège. Commune de Paris. → 1893 Zola, *Les Rougon-Macquart*.
	1876 Mallarmé, *L'Après-midi d'un faune*.
1877 En 9e à l'École alsacienne. Renvoyé pour « mauvaises habitudes ». Rougeole et convalescence.	
	1879 Dostoïevski, *Les Frères Karamazov*.
1880 Mort de son père, Paul Gide.	1880 Lois de Jules Ferry. Maupassant, *Les Soirées de Médan*.
1881 Départ pour Montpellier. André persécuté au lycée. Crises nerveuses et cures thermales.	
1882 Bref retour à l'École alsacienne. Séjour à Rouen chez ses cousines Rondeaux, dont Madeleine, sa préférée.	
	1883 Nietzsche, *Ainsi parlait Zarathoustra*. Maupassant, *Une vie*.
1885 Lectures mystiques avec Madeleine.	
1887 → 1888 Rhétorique à l'École alsacienne avec Pierre Louÿs. Première communion.	
1888 → 1889 Étudie la philosophie au lycée Henri-IV, puis seul. Baccalauréat. Voyages.	1888 → 1891 Barrès, *Le Culte du moi*.
	1889 Affaire de Panama. Exposition universelle, la tour Eiffel. Claudel, *Tête d'or*.
1890 Retraite près d'Annecy. Se lie avec Paul Valéry.	

VIE ET ŒUVRE D'ANDRÉ GIDE	ÉVÉNEMENTS POLITIQUES, SOCIAUX, CULTURELS
1891 *Cahiers d'André Walter*. Rencontre Barrès, Heredia, Mallarmé. *Traité du Narcisse*.	1891 Oscar Wilde, *Le Portrait de Dorian Gray*.
1892 Service militaire. Réformé pour tuberculose. *Voyage d'Urien*.	
1893 → 1994 Voyage en Tunisie et Algérie. Révélation de sa sexualité. Séjour en Suisse, à La Brévine.	1893 Claudel, *L'Échange*.
	1894 → 1906 Affaire Dreyfus.
1895 Mort de sa mère. Mariage avec Madeleine. *Paludes*.	1895 Les frères Lumière inventent le cinéma.
	1896 Alfred Jarry, *Ubu roi*.
1897 *Les Nourritures terrestres*.	
1898 → 1999 *Philoctète, El Hadj, Feuilles de routes, Prométhée mal enchaîné*.	1898 Zola, *J'accuse*.
	1899 Maurras fonde l'Action française.
	1900 Freud, *L'Interprétation des rêves*.
1902 *L'Immoraliste*.	
1903 *Saül*.	
1904 Fait construire la Villa Montmorency à Auteuil.	
	1905 Première révolution russe.
1907 *Le Retour de l'Enfant Prodigue*.	1907 Picasso, *Les Demoiselles d'Avignon*.
1908 Fonde la *Nouvelle Revue française*.	
1909 Voyage à Rome. *La Porte étroite*.	1909 Monnet, *Les Nymphéas*.
1910 *Oscar Wilde, in memoriam*.	1910 Claudel, *Cinq Grandes Odes*. Péguy, *Mystère de la charité de Jeanne d'Arc*.

VIE ET ŒUVRE D'ANDRÉ GIDE	ÉVÉNEMENTS POLITIQUES, SOCIAUX, CULTURELS
1911 *Nouveaux Prétextes. Isabelle. Corydon.*	
1912 Juré à la cour d'assises de Rouen.	
1913 Se lie avec Martin du Gard.	1913 Stravinski, *Le Sacre du printemps*. Apollinaire, *Alcools*. Alain-Fournier, *Le Grand Meaulnes*. Proust, *Du côté de chez Swann*.
1914 *Les Caves du Vatican*. Rupture avec Jammes et Claudel. *Souvenirs de la cour d'assises*. → **1915** Dix-huit mois au Foyer franco-belge.	1914 → **1918** Première Guerre mondiale.
1915 → **1916** Crise religieuse, dont témoignera *Numquid et tu...?* (1922)	
	1916 Début du mouvement Dada à Zurich.
1917 Cuverville et Paris. Départ en juillet pour l'Angleterre avec Marc Allégret. Madeleine brûle toutes les lettres de son mari.	1917 Révolution d'Octobre en Russie. Valéry, *La Jeune Parque*. Freud, *Introduction à la psychanalyse*.
	1918 Armistice. Pirandello, *Chacun sa vérité*. Tzara, *Manifeste Dada*. Apollinaire, *Calligrammes*.
1919 Intérêt pour le mouvement Dada, qu'il déçoit par *La Symphonie pastorale*. Succès auprès des jeunes.	
1920 → **1924** *Si le grain ne meurt*.	1920 Breton et Soupault, *Les Champs magnétiques*. Valéry, *Album de vers anciens; Le Cimetière marin*.
1921 Séjour à Hyères avec Élisabeth Van Rysselberghe.	
	1922 Mussolini au pouvoir. Joyce, *Ulysse*. Martin du Gard, *Les Thibault* (1922-40). Valéry, *Charmes*. Cocteau, *Thomas l'imposteur*.

VIE ET ŒUVRE D'ANDRÉ GIDE	ÉVÉNEMENTS POLITIQUES, SOCIAUX, CULTURELS
1923 Naissance de Catherine, fille d'Élisabeth et de Gide. Voyages en Italie et au Maroc. *Dostoïevski*.	1923 Cocteau, *Le Grand Écart*. Radiguet, *Le Diable au corps*.
1924 *Corydon*. Attaques des catholiques.	1924 Breton, *Manifeste du surréalisme*.
1925 Rupture avec Claudel. *Les Faux-Monnayeurs*. → 1926 Voyage au Congo et au Tchad sur les grandes compagnies.	1925 Kafka, *Le Procès* (adapté par Gide en 1947 pour Jean-Louis Barrault).
1926 → 1927 *Voyage au Congo*. Déménagement rue Vaneau (7e).	
	1927 Mauriac, *Thérèse Desqueyroux*.
1928 → 1931 *Retour du Tchad*. *L'École des femmes*. *Robert*. *Essai sur Montaigne*. *Œdipe*.	1928 Aldous Huxley, *Contrepoint*.
	1929 Crise économique.
1932 → 1936 Intérêt pour la révolution russe et le communisme.	1932 Céline, *Voyage au bout de la nuit*.
	1933 Hitler chancelier. Malraux, *La Condition humaine*.
1934 Voyage à Berlin avec Malraux.	
1936 Voyage triomphal en URSS. Gide déçu publie *Retour de l'URSS*, que suivront les *Retouches à mon « Retour de l'URSS »* en 1937.	1936 Front populaire. → 1939 Guerre d'Espagne.
	1937 → 1938 Sartre, *Le Mur*; *La Nausée*.
1938 Mort de Madeleine. Gide écrit à sa mémoire *Et nunc manet in te*.	
1939 Voyages. *Journal 1889-1939*. → 1945 Gide dans le Midi, en Tunisie et à Alger.	1939 → 1945 Seconde Guerre mondiale.
	1940 Armistice. Régime de Vichy.
1941 *Découvrons Henri Michaux*.	

VIE ET ŒUVRE D'ANDRÉ GIDE	ÉVÉNEMENTS POLITIQUES, SOCIAUX, CULTURELS
	1942 Camus, *L'Étranger*; *Le Mythe de Sisyphe*.
1945 Retour glorieux à Paris. Médaille Goethe de la ville de Francfort.	1945 Bombe atomique à Hiroshima.
1946 *Thésée. Journal 1939-1942*.	1946 → 1958 IVe République.
1947 Prix Nobel. Doctor honoris causa d'Oxford.	1947 Camus, *La Peste*. Genet, *Les Bonnes*.
1949 Grave maladie. *Feuillets d'automne*. *Anthologie de la poésie française*. Entretiens radiophoniques avec Jean Amrouche.	1949 Révolution chinoise.
1950 *Journal 1942-1949*. Film d'Allégret, *Avec André Gide*.	1950 Ionesco, *La Cantatrice chauve*.
1951 Meurt d'une congestion pulmonaire.	1951 Marguerite Yourcenar, *Mémoires d'Hadrien*.
1952 *Ainsi soit-il ou les jeux sont faits*. Gide mis à l'index au Vatican.	

L'œuvre littéraire

« La jeunesse d'André Gide contient toutes les situations et tous les personnages du drame dont son œuvre sera le dénouement. » (Jean Delay, *La Jeunesse d'André Gide*). Toute l'œuvre est donc d'essence autobiographique, même dans les transpositions les plus élaborées. Elle appartient pourtant aux genres les plus divers, et témoigne de son époque, même si l'actualité en a été longtemps absente.

LA PÉRIODE SYMBOLISTE

Gide, à ses débuts, emprunte, pour les *Cahiers d'André Walter* (1891), les langueurs du style symboliste. Écrits en partie pour persuader sa cousine de l'épouser, ils constituent le journal intime, entrecoupé de vers libres et de citations bibliques, d'un adolescent fiévreux, tourmenté par la chair et gorgé de littérature. *Les Poésies d'André Walter* (1892), d'une fluidité toute verlainienne, semblent se moquer d'elles-mêmes. Cette veine, à la fois lyrique et ironique, reparaît dans le court *Traité du Narcisse* (1891), qui brode sur un mythe cher à Valéry; *Le Voyage d'Urien* (1892) est un conte à la manière d'Edgar Poe, dont les héros, ballottés sur des mers allégoriques, n'échappent à l'enfer de la volupté que pour connaître l'ennui et le désespoir, avant d'atteindre la paix; *La Tentative amoureuse* (1893), et surtout *Paludes* (1895), est un petit chef-d'œuvre de séduction et de drôlerie, où l'on retrouve, avant *Les Faux-Monnayeurs*, un livre en train de s'écrire, et un écrivain dilettante, qui reçoit ses amis, évite avec la femme aimée tout grand sentiment, et met en scène l'histoire de Tityre, qui vit dans un marais et semble se contenter d'une existence d'un intolérable ennui; l'auteur, après un voyage avec Angèle, entreprend d'écrire une suite à *Paludes*, intitulée *Polders*. Claudel vit avec raison dans *Paludes* la meilleure satire de l'étouffement dans lequel vivaient les écrivains fin-de-siècle.

LA DÉCOUVERTE DE LA VIE

Les Nourritures terrestres (1897), commencées en 1894, lors de la convalescence tunisienne, sont un hymne à la joie de vivre. L'auteur s'adresse à un jeune disciple, Nathanaël, à qui il veut enseigner la «Ferveur», la découverte de soi, avant de jeter le livre et de l'oublier. Le personnage de Ménalque, qui habite au-dessus de Florence, doit beaucoup à Oscar Wilde. C'est à lui que l'auteur prête ses apostrophes célèbres contre la famille: «Familles, je vous hais!»

Tout le livre résonne des joies sensuelles de l'Afrique du Nord, mais aussi de celles du renoncement, dans une savante alternance de récits, de pages de journal, et de poèmes en vers libres, comme la Ronde de la Grenade ou celle de Tous les désirs. L'œuvre marqua plusieurs générations.

TROIS RÉCITS CLASSIQUES

Parmi des œuvres fort diverses, dominent dans la maturité de Gide, une série de récits d'une écriture limpide, qui sont autant de transpositions de conflits personnels. L'Immoraliste (1902) conte, en trois parties, le mariage avec Madeleine, la maladie, la seconde naissance en Afrique du Nord. L'héroïne tombe malade à son tour et meurt, comme pour payer le retour à la vie de son mari, ce qui suggère la nécessité d'un retour à l'équilibre... La Porte étroite (1909) transpose, avec une perfection toute classique, une période plus ancienne de la vie de l'auteur, avec les mêmes personnages, qui se nomment ici Jérôme et Alissa. Jérôme est amoureux de sa cousine, mais celle-ci, qui l'aime aussi, éloigne constamment l'idée du mariage, au nom d'un idéal de perfection, avant de mourir solitaire. «Étroite est la porte et ressérée la voie qui conduisent à la vie, et il en est peu qui les trouvent.» (Mat. 7, 14)

La Symphonie pastorale (1919), en apparence plus éloignée de l'auteur, met en scène un pasteur qui recueille et éduque une jeune aveugle de naissance; mais, aveugle à son tour, il ne s'aperçoit pas qu'il s'éprend d'elle, causant ainsi le malheur de tout son entourage: Gertrude, recouvrant la vue par une opération, découvre qu'elle aime non le pasteur mais son fils, et se suicide pour fuir le mal involontaire fait à la femme du pasteur, tandis que le jeune homme entre dans les ordres. Toujours à l'affût des faux semblants d'une éducation puritaine, l'auteur transpose aussi de façon détournée l'éducation morale et intellectuelle qu'il assura pour le jeune Marc Allégret. Ajoutons d'autres récits courts, moins autobiographiques, comme *Isabelle* (1911), *L'École des femmes* (1929) suivi de *Robert* (1930) et *Geneviève* (1936), littérature de confession.

DE LA SOTIE AU ROMAN

Avec *Les Caves du Vatican* (1914) se fait jour chez Gide une agressivité antireligieuse, affirmée avec une ironie caricaturale. S'inspirant d'une rumeur selon laquelle le pape Léon XIII aurait été enlevé et retenu prisonnier par les francs-maçons dans les sous-sols du Château Saint-Ange, les «caves du Vatican», et remplacé par un sosie, l'auteur élabore ce qu'il appelle une «sotie» (farce de caractère satirique au Moyen Âge), mettant en scène un escroc, Protos, qui, grâce à cette fable, extorque des fonds aux gens pieux et bien-pensants pour organiser une croisade. Parmi les marionnettes qui se rendent à Rome se trouvent un franc-maçon converti par un miracle, un écrivain catholique, et un pauvre homme martyrisé par Protos, qui trouvera la mort dans un train, précipité sur le ballast par le charmant Lafcadio, frère bâtard de l'écrivain et adepte de «l'acte gratuit», où l'on a vu l'influence de Dostoïevski et de Nietzsche, et l'intérêt de Gide pour la bâtardise, qui libère des règles morales. On comprend que pour ses *Faux-Monnayeurs* (1925), l'écrivain ait pensé d'abord reprendre ce personnage comme pilier de l'œuvre, avant de le remplacer par le personnage plus anodin de Bernard. En tout cas, c'est là le premier ouvrage auquel Gide consente l'appellation de «roman», immense symphonie aux multiples personnages, et aussi roman en train de s'écrire; c'est la dernière fiction importante de son auteur, qui apparaît comme la somme de ses réflexions.

LES ŒUVRES AUTOBIOGRAPHIQUES

En fait, l'œuvre majeure du romancier est sans doute son *Journal*, publié en plusieurs fois et regroupé en deux tomes de la Pléiade. D'une merveilleuse intelligence, il note au jour le jour rencontres, réflexions, projets, débats religieux, etc. Viennent le compléter des pages centrées sur un seul thème, comme *Le Journal des Faux-Monnayeurs* (1926), qui suit la genèse du roman et conserve des passages écartés de la version définitive, *Numquid et-tu...?* (1922), écho de la dernière crise religieuse pendant la guerre, où Gide affirme sa préférence pour la liberté des Évangiles sur la Loi incarnée par saint Paul, ainsi que *Souvenirs de la Cour d'Assises* (1914), *Voyage au Congo* et *Retour du Tchad* (1927 et 28), *Retour de l'URSS* (1936) et *Retouches à mon «Retour de l'URSS»* (1937), dont les titres résument parfaitement le propos. Mais l'ouvrage le plus parfait, le plus sensible de Gide, reste sans doute *Si le grain ne meurt* (1920-1924), admirables mémoires de l'auteur de sa naissance à son mariage, et précieux document pour la connaissance de l'origine des méandres gidiens. Ajoutons quelques pièces de théâtre, dont un *Saül* estimable (1903), *Corydon* (1911), apologie de l'homosexualité, des articles (*Prétextes*, 1903), et des livres de critique sur Wilde (1910), Dostoïesky (1923), Montaigne (1929), Chopin (1938), et Henri Michaux (1941).

Sommaire de *La Symphonie pastorale*

Premier cahier (10 février 189.-12 mars)

La neige bloquant les routes, le pasteur de La Brévine, dans le Jura suisse, entreprend d'écrire un journal retraçant l'histoire d'une jeune aveugle, Gertrude, recueillie par lui deux ans et demi plus tôt. L'enfant s'éveille au langage, à la sensibilité, à l'intelligence, grâce à des méthodes d'origine américaine. À travers une audition à Neuchâtel de la *Symphonie pastorale* de Beethoven, elle imagine le monde réel. Le pasteur surprend un jour son fils Jacques à la chapelle l'initiant à l'orgue. Il lui demande, lors d'une pénible scène, de renoncer à ses projets de l'épouser. Autre conflit, avec Amélie, sa femme, qui devine, sans le montrer, l'origine de cette conduite. Gertrude va vivre chez une personne charitable, Mlle de la M..., où le pasteur trouve, loin de chez lui, un havre de paix. Gertrude finit, lors d'une promenade où elle imagine le paysage à travers des réminiscences de l'Évangile, par avouer son amour au pasteur.

Deuxième cahier (25 avril-30 mai)

Le pasteur reprend son journal interrompu. Il comprend enfin la nature de ses sentiments pour Gertrude. Relisant l'Évangile, il n'y voit d'autre loi que celle de l'amour, au contraire de son fils, plus sensible à saint Paul et à la valeur de la soumission à la règle. Gertrude, lors d'une promenade, dit ses doutes au pasteur sur l'innocence du monde qu'il lui a enseignée. Tous deux s'avouent leur amour. La jeune fille recouvre la vue grâce à une opération. Mais, ne supportant pas la révélation de la tristesse du monde, elle préfère mourir, après avoir confessé au pasteur que c'est Jacques qu'elle aime en fait, sans pouvoir l'épouser, celui-ci s'étant converti, avant d'entrer dans les ordres. Le pasteur reste dans un « désert ».

Les personnages

Gertrude : jeune aveugle, quasi muette, recueillie par le pasteur et sa famille ; élevée dans l'ignorance du mal et de la laideur ; amoureuse du pasteur. Sa vie prend fin tragiquement après l'opération qui lui rend la vue.

Le pasteur : à la fois narrateur (il tient le journal qui constitue le récit) et acteur de l'histoire. Amène patiemment son élève à une vie normale. Il s'en éprend, et reste longtemps sans se l'avouer. En conflit avec les siens. Manque de lucidité. (N'est jamais appelé par son nom.)

Amélie, sa femme : dévouée et acariâtre, elle supporte mal la présence de Gertrude. Lucide sur son mari. Influence ses enfants.

Leurs cinq enfants :

Jacques, l'aîné : étudiant en théologie ; en conflit avec son père à cause de Gertrude, qu'il aime, mais ne peut épouser. Se convertit au catholicisme.

Sarah : morne adolescente, influencée par sa mère ; du même âge que Gertrude, mais moins douée qu'elle.

Charlotte : spontanée et bonne, la préférée de son père.

Gaspard : enfant turbulent, proche de Charlotte.

Claude : nouveau-né qui perce ses dents.

Le **docteur Martins** : ami intime du pasteur, qu'il initie aux méthodes d'éducation des sourds-muets ; le docteur Roux, chirurgien qui opère Gertrude.

Mlle Louise de la M... : personne riche et charitable, cultivée et artiste, qui recueille Gertrude chez elle à *La Grange*, et élève d'autres enfants aveugles.

Les domestiques et comparses :

La vieille Rosalie, servante du pasteur ; le jardinier de Mlle de la M..., la vieille tante de Gertrude, qui meurt au début du récit ; une voisine ; une jeune servante.

Résumés et commentaires

Édition de référence : Folio, Gallimard.
Les mots suivis d'un astérisque sont définis dans le Lexique, page 79.

PREMIER CAHIER (p. 9 à 96)
10 FÉVRIER 189. (p. 11 à 28)

RÉSUMÉ

La neige, bloquant les routes depuis trois jours, a empêché le pasteur de se rendre à R... pour célébrer le culte. Cette claustration forcée l'engage à entreprendre le récit de la formation de Gertrude, commencée deux ans et six mois plus tôt.

Recueillie chez une vieille femme qui vient de mourir, la jeune fille est aveugle et apparemment faible d'esprit. Le pasteur se sent aussitôt dans l'obligation d'éveiller cette « âme emmurée » et la ramène chez lui où l'accueil de sa femme le déçoit. De ses cinq enfants, seule la petite Charlotte semble se réjouir de l'arrivée de l'inconnue. La petite, apeurée et gémissante, retrouve son calme dans la chaleur de la cheminée. À l'interrogation méprisante de sa femme : « Qu'est-ce que tu as l'intention de faire de ça ? », le pasteur répond en invoquant la brebis perdue de l'Évangile. Commence alors une explication orageuse, rendue plus animée encore par la découverte de la vermine couvrant l'enfant. Après un repas silencieux, le pasteur passe la nuit à travailler à son prochain sermon, tout en méditant sur l'affection moins vive que ses enfants semblent lui porter désormais : seule Charlotte est venue lui dire bonsoir et a voulu embrasser l'aveugle.

COMMENTAIRE

Un double départ

On assiste, en ce début de roman, à un double départ, celui de l'histoire*, et celui du récit*.

Le départ du récit

La Symphonie pastorale se présente comme un récit à la première personne, sous forme de journal intime : la date, d'ailleurs incomplète, en est l'indice. Or, sans la neige qui recouvre les routes et empêche le pasteur* de parcourir les terres de ses fidèles, il n'y aurait pas eu de retour en arrière, ni le récit de l'histoire de Gertrude.

La neige inaugure donc le récit, et, en même temps, l'acte narratif lui-même, comme l'indique le début du troisième paragraphe : « J'ai projeté d'écrire ici... » ; la forme verbale énonce à la fois le projet et le situe dans le passé, le fait même d'écrire le rejetant sans cesse dans un temps révolu.

Le départ de l'histoire

Le début de l'histoire remonte à « il y a deux ans et six mois ». Ainsi est indiqué le décalage chronologique important, mais qui ira au fur et à mesure du récit en diminuant, entre la rédaction du journal et son contenu. À cette époque (vers le 18 août de 189. moins trois ans) nous sommes en plein été. Or, une atmosphère de froid enveloppe l'épisode : « La nuit, très claire, était fraîche. » L'histoire, comme il est fréquent dans le roman, commence par un **départ** : le pasteur, à peine rentré chez lui de La Chaux-de-Fonds, repart en toute hâte pour une destination inconnue, d'où il va ramener une pauvre enfant abandonnée, dont il ne sait que faire. L'accueil mitigé de sa famille suscite diverses questions : que va-t-il advenir de Gertrude ? Va-t-elle rester chez le pasteur ? Les sentiments de ses proches vont-ils se modifier ?

Des paysages symboliques

La neige est le premier mot du texte. N'évoque-t-il pas la fameuse page blanche, chère à Mallarmé[1], qui effraie tout auteur au seuil de l'écriture ? Ne bloque-t-elle pas sa route ? Ne le défend-elle pas de rejoindre son public, comme le pasteur empêché d'aller semer la bonne parole ? Mais en même temps, cette page blanche, dans la clôture de sa matérialité, dans sa « claustration forcée », offre au pasteur le « loisir » de revenir sur soi, et de raconter l'histoire merveilleuse d'une aveugle rendue à la vue. La neige

---

1 Mallarmé (1842-1898) a parlé du « vierge papier que sa blancheur défend ».

est aussi la substance qui « dissimule provisoirement la vie[1] », et qui va fondre au printemps, figure emblématique de l'intelligence de Gertrude et aussi de l'écriture du pasteur, toutes deux prêtes à se dévoiler.

Mais la neige n'est pas seulement une **métaphore***, c'est aussi une **métonymie***, l'élément d'un tout, la montagne. À peine énoncée, elle amorce le décor extrêmement précis d'un coin reculé du Jura suisse, renommé pour son climat glacial et surnommé la « petite Sibérie ».

Le petit lac mystérieux, qui est en fait le lac des Taillères, symbolise, par sa profondeur et son calme apparent, l'inconscient du pasteur, et le petit cours d'eau qui s'en échappe détermine le tracé de la route suivie par lui. Dans l'univers de Gide, la Suisse est le siège des passions pures et de l'ennui [2].

La mort et la vie

Vie et mort sont étroitement mêlées en ce début : une vieille femme s'éteint doucement dans sa chaumière, veillée par sa servante et par une voisine ; un « être » incertain, muré dans la surdité et l'innocence, occupe un coin de l'âtre. À la bonté du pasteur, guidé par la Providence, s'oppose l'avarice de la vieille, dont la bouche « semblait tirée comme par les cordons d'une bourse d'avare » (p. 17). Avare de paroles et d'affection, elle n'a rien donné à la fillette, alors que l'amour et le dévouement du pasteur vont tirer l'enfant de son enfermement.

Le débat entre charité et prudence

L'impulsion du pasteur de recueillir l'enfant est interprétée par lui comme une obligation envoyée par Dieu sur sa route, mais aussi comme un signe de libération d'une éducation rigoriste, celle-là même que Gide reçut de sa mère. À cet élan de pur amour, de charité, s'oppose la prudence excessive de la pastoresse. Amélie est un « jardin de vertu » (style fleuri en l'honneur à l'époque), mais sa « charité naturelle n'aime pas à être surprise ». La leçon de l'œuvre est pourtant que les élans du cœur peuvent être dangereux et que la prudence est aussi source de lucidité. Cependant, les actes et les paroles d'Amélie (dont le nom signifie en grec « insouciance » !) la rendent peu sympathique. Le pronom neutre dont elle se sert pour qualifier la jeune fille (« Qu'est-ce que tu as l'intention de faire de ça ? », p. 21) caractérise son insensibilité apparente. Ses enfants, qui imitent la pudeur et la retenue de leur mère, déçoivent le pasteur. Pourtant,

---

1. Alain Goulet, *André Gide 3*, Revue des lettres modernes, p. 28.
2. Cf. *Les Faux-monnayeurs*, IIe partie, Saas-Fée.

c'est elle qui lui suggère sans le vouloir de garder l'enfant. La véritable « insouciance » est celle du pasteur et de la petite Charlotte, dont l'élan spontané lui va droit au cœur.

Ombres et lumières

Tout, dans ce début, est mis, comme il convient, sous le signe de l'ombre et de la clarté. Le pasteur, à son départ pour la chaumière de la vieille, contemple le lac mystérieux de son enfance dans « l'enchantement rose et doré du soir »; la fumée qui s'échappe du toit « bleu[it] dans l'ombre », puis « blond[it] dans l'or du ciel ». Au contraire la route est faite dans l'ombre, suggérant l'incertitude du futur. La chandelle fumeuse éclaire d'abord le lit de la morte, puis, dans l'âtre, l'aveugle recroquevillée. La nuit qui enveloppe le retour est « très claire »; celle, métaphorique, qui enveloppe la jeune fille, est « affreuse ». Autant de gravures romantiques, à l'effet calculé.

Présence de l'Évangile*

Si les citations bibliques sont absentes en ce début de récit, l'environnement spirituel du pasteur est évidemment empreint de l'Évangile. La double tâche de tirer Gertrude de sa « nuit » et de raconter son histoire est placée sous la bénédiction du Seigneur. La présence de la Providence s'impose au pasteur : « Il m'apparut soudain que dieu plaçait sur ma route une sorte d'obligation » (p. 16). Plus loin, dans un élan mystique, le pasteur s'adresse à Dieu lui-même avec lyrisme : « Une âme attend sans doute, emmurée, que vienne la toucher enfin quelque rayon de votre grâce*, Seigneur ! Permettrez-vous que mon amour, peut-être, écarte d'elle l'affreuse nuit ? » Dès le début d'ailleurs, le pasteur n'a fait sortir Gertrude de la nuit « que pour l'adoration et l'amour ».

27 FÉVRIER (p. 29 à 47)

RÉSUMÉ

La neige tombée en abondance oblige le village à vivre en autarcie. Le pasteur reprend son récit. Il avoue avoir présumé des forces d'Amélie et du budget familial. Mais celle-ci a pris son parti de la situation : elle a lavé et vêtu l'aveugle, que Charlotte à baptisée « Gertrude ». Les dix premiers jours, l'enfant reste murée en elle-même, le pasteur est découragé. Un ami, venu le visiter, le docteur Martins, s'intéresse à l'état de Gertrude : son arriération est due, non seulement à la cécité, mais aussi à la surdité de la vieille femme qui l'a élevée ; pour éveiller son intelligence, il conseille au pasteur d'associer les sons et les mots à des sensations tactiles et gustatives, méthode utilisée en Angleterre vers 1840 pour la jeune Laura Bridgeman, une enfant bien plus déshéritée que Gertrude. Après une longue période d'insensibilité, la jeune fille avait enfin souri et fait de rapides progrès, qui avaient servi de modèles pour d'autres cas. Toutes les « emmurées » ainsi « revenues à la vie » racontaient leur « bonheur », ce qui ne laisse pas de nourrir le pessimisme du médecin, constatant que l'homme imagine plus facilement bonheur et harmonie quand il n'est pas renseigné par ses sens. Le pasteur proteste contre cette vision des choses.

Malgré les reproches d'Amélie, celui-ci entreprend l'éducation de Gertrude. Le 5 mars, il assiste à la « naissance » de la jeune fille : ses traits « s'animent » enfin, visités moins par l'intelligence que par l'amour. Les progrès sont alors rapides. Gertrude découvre les qualités des objets, leur mouvement ; elle mûrit rapidement. Aux beaux jours, le pasteur lui fait découvrir le monde extérieur, associe le chant des oiseaux à l'expression de la joie, ce qui rend la jeune fille mélancolique.

COMMENTAIRE

Une chronologie fantaisiste

À la date du 27 février, le narrateur* dit avoir commencé son récit « hier » ; or, la date précédente est le 10 février. Cette négligence chronologique s'explique par le fait que, dans le manuscrit, la date du premier chapitre était le 25 décembre (date symbolique pour trouver un enfant).

Le 27 eût alors été le 27 décembre. Nous relèverons plus tard semblables incohérences entre manuscrit et texte publié.

Par ailleurs, l'histoire de Laura Bridgeman est située « vers le milieu du siècle dernier » (p. 35) ; si les héros gidiens vivent dans la dernière décennie du XIXe siècle, cela signifie que cette histoire a lieu vers le milieu du XVIIIe ; or, elle se déroule dans les années 1840. En fait, Gide pense en écrivain du XXe siècle.

Quant à l'absence de chiffre des unités dans la date donnée au début, elle a excité l'ingéniosité des chercheurs. Comme il y a mention du 29 février (p. 55), l'action ne peut avoir lieu qu'une année bissextile : soit 1892, soit 1896 ; mais la fête de Pâques* est située le 10 avril (p. 102), ce qui renvoie... à 1898 ! Gide, quant à lui, a séjourné à La Brévine en 1894, du 17 octobre au 14 décembre, et projeté son récit dès 1893.

La neige *(suite)*

Le deuxième passage du journal commence, comme le premier, par l'évocation de la neige « tombée encore abondamment cette nuit ». Le gel des communications s'aiguise, la porte de la maison est bloquée, le village lui-même est isolé. Mais cette immobilisation est accueillie comme un bienfait : les enfants y voient une occasion de jeu, le pasteur une confirmation à continuer son récit, peut-être un signe de la Providence. Le temps, libéré par la clôture de l'espace, permet un salutaire retour en arrière. Peut-être cette blancheur, qui fondra au printemps, est-elle aussi une métaphore de l'âme de Gertrude, vierge de toute empreinte, sur laquelle le pasteur va inscrire les signes du langage et de l'intelligence.

Le « roman » de Gertrude

Le pasteur écrit à la fois son journal, et le « roman » d'[une] éducation ». Corps opaque, animal, Gertrude est d'abord prise en charge par les femmes. Lavée, rasée, soignée, habillée, elle est traitée comme un nouveau-né. Son état s'immobilise dans une phase de latence, tant que le pasteur échoue à l'extraire de la situation qu'elle a connue près de sa tante ; elle reste pelotonnée au coin du feu, ne se laissant apprivoiser que lors des repas. Puis la providentielle intervention du docteur Martins débloque la situation ; il sert d'**adjuvant*** à l'histoire ; là où le médecin des âmes ne peut agir, celui des corps apporte la caution de la science. Il donne à son ami l'exemple de Laura Bridgeman, une jeune fille semblable à Gertrude éduquée par un docteur de Boston, qui, désespérant de jamais la ramener à la vie, avait enfin eu le bonheur de voir son visage « s'éclairer d'une sorte de sourire » ; le romancier anglais Charles Dickens (1812-1870) s'était inspiré de son histoire dans *Le Grillon du foyer* (1845), que Gide avait lu et relu entre 1893 et 1894, lors de son séjour à La Brévine, et qu'il mentionne dans le roman (p. 38).

Quant à la référence à Condillac et à sa **statue animée** (p. 34), il s'agit d'une métaphore par laquelle le philosophe français (1715-1780), disciple de Locke (1632-1704), cherche à expliquer la formation de nos connaissances : il voit dans les **sensations l'unique source de nos idées** et de nos opérations mentales. Le **Moi** devient une succession et une transformation de sensations. C'est le langage qui sert de fondement et de support à la pensée abstraite. Dans son *Traité des sensations* (1754), le philosophe imagine une statue, organisée intérieurement comme un être humain, mais dont l'enveloppe de marbre empêche l'usage des sens que le philosophe va successivement faire éclore pour expliquer la formation des mécanismes mentaux.

La transfiguration du 5 mars

Le pasteur, convaincu par son ami, s'en remet à sa foi en Dieu pour agir. Son **quiétisme***, qui contraste avec la religion tatillonne d'Amélie, trouve enfin sa récompense. Il note en effet la date du 5 mars comme « celle d'une naissance », « moins un sourire qu'une transfiguration ». Et, tout naturellement, sa mémoire exercée lui suggère la parabole évangélique de la Brebis égarée (Mat. XVIII, 12), et l'épisode de la piscine de Béthesda (Jean, V, 2-4), dont un ange « vient réveiller l'eau dormante ». En voici la retranscription : « Il est à Jérusalem, près de la Porte des Brebis, une piscine appelée Béthesda [fossé], qui a cinq portiques. Sous ceux-ci gisaient une multitude de malades... qui attendaient le bouillonnement de l'eau. Car l'ange du Seigneur descendait de temps à autre dans la piscine et l'eau s'agitait ; le premier donc qui y entrait après que l'eau avait été agitée recouvrait la santé, de quelque mal qu'il fût atteint. » Or, à un vieillard paralytique qui ne peut descendre dans la piscine quand l'eau s'agite, le Seigneur dit simplement : « Lève-toi, emporte ton grabat et marche ! » Aussitôt l'homme recouvre la santé.

L'eau dormante éveillée par l'ange évoque, sur le plan mystique, l'eau du baptême, symbole de la vie, de la santé, du salut. Le pasteur ne serait-il pas l'ange qui réveille Gertrude de son sommeil sensoriel, intellectuel et affectif ? Béthesda s'oppose en tout cas au lac mystérieux dépeint au début du récit, immobile et mort. Le vocabulaire de la joie et de la lumière éclate dans toute cette page : « joie séraphique », « ravissement », « éclairement subit, pareil à cette lueur purpurine dans les hautes Alpes... précédant l'aurore ». Le premier sourire de Gertrude annonce la sortie de sa nuit intérieure.

Éducation et métaphore

La rapidité des progrès de la jeune fille dépasse les facultés de mémorisation du pasteur ; il évoque d'abord avec précision la qualité des objets et les mouvements qu'il lui enseigne, puis il y renonce, préférant un libre **cheminement** à une éducation méthodique. Il ne s'inquiète plus tant de savoir si l'esprit de son élève le suit, mais l'invite à venir vers lui et à le questionner ; ce procédé porte ses fruits, il la retrouve chaque fois plus proche de lui. La **fonte des neiges** au printemps, qui use secrètement l'épais manteau par en dessous, laissant peu à peu la terre réapparaître, suggère de manière imagée le processus silencieux à l'œuvre dans l'esprit de Gertrude.

La splendeur du monde

Cet éveil est bientôt suivi des premières sorties de la jeune fille, qui n'osait jusque-là s'aventurer au-delà du seuil de la maison, au bras du pasteur. La narration au style indirect laisse place au dialogue rapporté au style direct, transformation qui, en elle-même, illustre le retour à la vie et l'entrée dans le monde de Gertrude. Le récit passe de ses naïves supputations sur les effets et les causes des phénomènes (le chant des oiseaux comme un « pur effet de lumière »), à son ravissement devant la découverte de la vie. Le pasteur donne une coloration humaine aux êtres vivants et projette la joie de Gertrude sur l'univers : il lui explique que le chant des oiseaux, comme la bigarrure des papillons, exprime « l'éparse joie de la nature » ; la cécité de Gertrude l'invite à lui peindre un univers merveilleux, et aussi à se poser lui-même certaines questions, qui ne l'avaient jamais effleuré : son élève lui demandant pourquoi les animaux autres que les oiseaux ne chantent pas, il prend conscience* que plus un être vivant est attaché à la terre, plus il est grave. La découverte du monde devient alors un apprentissage pour l'un et pour l'autre.

28 FÉVRIER (p. 48 à 54)

RÉSUMÉ

Après les effusions de la veille, le pasteur revient sur l'éducation de Gertrude et l'apprentissage, difficile pour eux deux, de l'alphabet Braille. Jacques, son fils aîné, étudiant en théologie à Lausanne, et retenu dans la maison familiale après les vacances de Noël à cause d'une fracture au bras, le seconde dans cette formation pendant les absences que lui occasionnent ses visites pastorales. En trois semaines, la jeune fille fait des progrès étonnants en sa compagnie, s'aidant, pour « imager » sa pensée, des objets qu'elle a appris à connaître. Les couleurs, et en particulier leurs nuances, lui posent cependant de gros problèmes. Un concert entendu à Neuchâtel permet au pasteur de les lui suggérer à travers les timbres des instruments; mais le blanc et le noir restent pour elle des énigmes.

COMMENTAIRE

Une fracture providentielle

Jacques, le fils aîné du pasteur, est resté jusqu'alors dans l'anonymat. Tout au plus savons-nous (p. 22) que Sarah et lui, les aînés, soustraient les plus petits au spectacle des différends de leurs parents, et que leur père déplore leur manque de curiosité. Ici, Jacques entre dans le récit, à l'occasion des vacances de Noël, soit six mois environ après l'arrivée de Gertrude.

Étudiant en théologie*, il sera pasteur comme son père. Sa fracture au bras, l'immobilisant dans la maison familiale, permet de l'introduire dans l'histoire comme un élément déterminant, à la fois **acteur et adjuvant**. Ses sentiments à l'égard de la jeune fille ressemblent à un coup de foudre: «Il commença brusquement de s'intéresser à Gertrude, que jusqu'alors il n'avait point considérée.» Grâce à lui, elle fait de «sensibles progrès», euphémisme qui permet au pasteur de ne pas évoquer directement les sentiments de la jeune fille à l'égard de Jacques. Si d'ailleurs le pasteur est obligé d'apprendre l'alphabet des aveugles, où il a «assez de peine à [se] reconnaître», c'est qu'il ne pourra déchiffrer l'écriture aveuglée de sa passion qu'à la fin du roman. Gertrude, elle, la perçoit tout de suite, aidée par Jacques.

Les méandres de la narration

Le narrateur (ou l'auteur) joue avec le récit de façon subtile. Au début le pasteur énonce: «Je reviens en arrière; car hier je m'étais laissé entraîner». En effet, au chapitre 2 (p. 38), il s'est détourné de l'éducation du Gertrude pour laisser place à ses récriminations contre Amélie, suivies d'une action de grâce au Seigneur après le premier sourire de la jeune fille, puis d'un dialogue sur «l'éparse joie de la nature». Il revient ici à son but et note le rôle de Jacques, mais sans dévoiler la suite; il remarque: «Et **d'abord** je fus heureux d'être secondé dans ce soin» (p. 48); or, ce modeste adverbe de temps laisse en suspens un **après** non encore explicité.

Le pasteur navigue d'ailleurs constamment entre la quasi-objectivité de l'histoire (il est vrai temporalisée faiblement à coup d'adverbes vagues: **d'abord, déjà, brusquement, à présent, hier,** etc.) et la subjectivité de ses réflexions: «J'admire le peu de difficultés qu'elle trouvait à formuler ses pensées. » L'opposition présent/passé souligne ici l'écart de la chronologie et marque l'aspect rétrospectif de ce «journal».

« ... À la manière des télémétreurs » (p. 50)

«Ainsi j'expérimentais sans cesse à travers elle combien le monde visuel diffère du monde des sons» (p. 54). Tenter de faire sentir à un aveugle le monde visuel par le biais des analogies est abondamment traité dans les dernières pages du chapitre. Le pasteur remarque d'abord l'intelligence intrinsèque de Gertrude et en note le développement dans une longue phrase sinueuse de dix-sept lignes, à l'allure périodique* (p. 50), qui, avec ses symétries, ses digressions, ses nuances, mime en quelque sorte le difficile cheminement de la pensée de la jeune fille dans sa nuit, s'aidant des objets et des idées qu'on lui présente, dans une sorte d'accéléré de l'apprentissage intellectuel évoquant les théories de Condillac et de Diderot, et se terminant sur la comparaison avec le **télémétreur** (personne mesurant des distances par procédés optiques, acoustiques ou radioélectriques). Comparaison qui semble doter la jeune fille d'un don de **double vue**...

Les correspondances

La manière dont est traitée la question des couleurs est d'une tout autre ampleur: la confusion entre couleur et clarté, nuance et valeur, la signification des notions de mélange, d'intensité, ne trouvent un début de solution qu'avec le concert de Neuchâtel. Après le clavecin oculaire du père Castel [1], les correspondances baudelairiennes [2], les voyelles de Rimbaud [3], Gide se risque à son tour à des analogies: la couleur rouge-orange représente les cuivres, le jaune-vert, les cordes, le bleu-violet, les bois. La traduction approximative que donne le pasteur du blanc et du noir, comme limite aiguë et sombre du mélange de toutes les couleurs, répond à la curiosité de Gertrude et révèle aussi son honnêteté intellectuelle ainsi que son souci, peu commun chez les voyants, de la précision.

Les Évangiles et les couleurs

«Et à ce sujet je fus appelé à remarquer qu'il n'est nulle part question de couleurs dans l'Évangile» (p. 51). Dans une lettre à Gide, François Mauriac protesta contre cette affirmation en citant ces deux passages de Matthieu:

---

1. *L'Optique des couleurs,* 1740.
2. *Les Fleurs du mal,* IV, 1857.
3. *Poésies,* 1871.

« Le soir vous dites : il fera beau, car le ciel est **rouge**. Et le matin : il y aura aujourd'hui de l'orage car le ciel est d'un **rouge sombre** » (XVI, 2 et 3) ; « ils jetèrent sur lui un manteau d'**écarlate** » (XXVII, 28). En fait, selon Claude Martin[1], outre ces trois exemples de rouge, il n'y a guère que ces notations de blanc et de noir : « Ne jure pas par ta tête, car tu ne peux en rendre un seul cheveu **blanc** ou **noir** » (Mat. V, 36), et : « Sa robe [celle de l'Ange du sépulcre] était **blanche** comme neige » (Mat. XXVIII, 3) ; on retrouve la **pourpre** du manteau de Jésus et la robe **blanche** de l'ange chez Marc (XV, 17 et 20, et XVI, 5) ; les vêtements du Christ* sont d'une **blancheur fulgurante** chez Luc (IX, 29) et d'une « **blancheur** telle qu'aucun foulon [teinturier] sur terre ne peut blanchir de la sorte » lors de la Transfiguration chez Marc (IX, 3) ; on trouve, également chez Marc, la mention de l'« herbe **verte** » où les convives s'étendent lors de la multiplication des pains (VI, 39), et chez Jean, outre les couleurs rouge et blanche sus-mentionnées, le **blanc** des moissons (IV, 35). Soit **quinze mentions de couleurs**, dont **sept fois le blanc** et **six fois le rouge**. Le plus pauvre est Luc, le plus cité par Gide...

29 FÉVRIER (p. 55 à 62)

RÉSUMÉ

Le pasteur revient sur le concert de Neuchâtel, où l'on jouait « précisément » *La Symphonie pastorale*. Gertrude en sort extasiée, et demande si le monde est aussi beau que « cela ». Le pasteur, qui voit dans cette musique la représentation d'un monde idéal, sans le mal, le péché et la mort, répond de biais en disant que « les voyants ne connaissent pas leur bonheur ». Gertrude avoue alors le sien avec intensité et demande au pasteur s'il est malheureux.

S'ensuit un dialogue où, après lui avoir fait promettre de lui dire la vérité, Gertrude demande au pasteur si elle est jolie. Il finit par lui avouer que oui. Au retour, la pastoresse montre une indifférence affectée à l'égard de Gertrude, puis réitère son grief à l'encontre du pasteur, lui reprochant de se dévouer pour Gertrude comme il ne l'a jamais fait pour les siens. C'est l'occasion pour lui de se justifier longuement dans son journal :

---

1. Claude Martin, édition critique de *La Symphonie pastorale*, Minard, 1970, p. 43.

« moins triste qu'indigné », il repense à la parabole de l'Enfant prodigue, et à l'injustice des reproches de sa femme. Gertrude, qui a entendu la scène, pleure à son tour.

COMMENTAIRE

La *Symphonie pastorale* de Beethoven

Cette symphonie, une des plus populaires du répertoire, a été créée le 22 décembre 1808 à Vienne. Sur la partition, le musicien avait inscrit : « Symphonie pastorale ou souvenir de la vie champêtre (plutôt expression de la sensation que peinture) », mettant ainsi moins l'accent sur la description que sur l'effet produit par la nature sur la sensibilité. À travers ses cinq mouvements (Éveil d'impressions agréables en arrivant à la campagne ; Scène au bord du ruisseau ; Réunion joyeuse de paysans ; Orage – tempête ; Chant des bergers – Sentiments de joie et de reconnaissance après l'orage), Beethoven avait en effet cherché à fixer et à magnifier « le sentiment de détente heureuse que peut ressentir, au milieu des champs et en pleine forêt, un créateur qui lutte constamment avec son art, comme il entend lutter avec le destin » (Dorel Handman). Le compositeur y évoque la campagne viennoise qu'il aimait à parcourir, de façon à la fois descriptive et affective, transcrivant le **bonheur éprouvé** devant un tel spectacle. Il coule ainsi dans une forme rigoureuse des images et des impressions suivant une progression dramatique : l'orage venant introduire le désordre dans l'harmonie, et le calme du début revenant à la fin de la symphonie.

La *Symphonie* dans la *Symphonie*...

Comme on l'a vu au chapitre précédent, l'audition de cette musique vient au secours de la méthode qui, en associant les couleurs aux sons, permet d'aller de la sensation à la connaissance. Mais en même temps, elle dévoile, à travers ce monde idéalement beau, l'existence du **mensonge** et la possibilité de la **laideur**. Surgit alors la question du bonheur, au **centre** du premier cahier, entre l'exposé didactique, la découverte de la **joie** (apprentissage des sons, des sentiments ; quand le pasteur porte la main de Gertrude à ses lèvres, p. 57, puis à son visage sans larmes, p. 62) et celle de la **souffrance** (avec l'apparition des larmes du pasteur en butte aux acrimonies d'Amélie, et celles de Gertrude elle-même).

Quant au **rôle** de *La Symphonie pastorale* dans l'œuvre, il recouvre plusieurs aspects et repose sur un double jeu de mots : « symphonie » signifie en grec « accord de voix ou de sons », et en particulier accord au sens technique entre deux sons, puis plus généralement « concert » (sens que l'on retrouve à l'époque classique, par exemple dans les *Symphonies pour les soupers du Roy* de M.-R. de Lalande), et enfin **« accord de sentiments, consentement, union, harmonie »**. Or, le pasteur est à la recherche incessante de l'harmonie avec Gertrude, avec les siens, avec ses ouailles et avec le monde. Il entend réduire les **dissonances** qui s'accumulent autour de lui. Quant à Gertrude, elle demande au pasteur si elle ne « **détonne** pas trop dans la symphonie » (p. 59). Le mot « pastoral » joue également un double rôle : il renvoie au monde des bergers, à l'image d'une campagne harmonieuse (comme dans les « Pastorales » et les « Bergeries » des XVIIe et XVIIIe siècles), et qualifie aussi la **fonction du pasteur**, au sens de ministre protestant, et aussi de guide moral et spirituel.

Par le procédé de la mise en abyme*, Gide renvoie, non sans ironie, le titre de l'œuvre à un monde bucolique et harmonieux, dont l'issue montrera l'inanité.

La question du bonheur

Le concert de Neuchâtel inaugure une nouvelle étape dans le récit. L'émotion et le plaisir pour Gertrude de découvrir les sons, d'imaginer les couleurs, de se représenter le monde, se transforment rapidement en un bonheur plus profond, celui de son amour pour le pasteur : au retour du concert, elle se serre contre lui, pesant sur son bras comme une enfant ; elle évoque le jour où elle l'a senti pleurer à cause d'Amélie et s'en montre émue. Son exaltation la fait crier dans la rue : « Non, je n'avais pas besoin de toucher vos joues » (p. 57). La vérité se fraie un passage difficile à travers une série de questions amenées par Gertrude, qui cherche à connaître les sentiments du pasteur ; le bonheur et le malheur, le mensonge et la vérité sont tour à tour évoqués dans un dialogue passionné et émouvant, qui se clôt sur la brusque question de Gertrude demandant au pasteur si elle est jolie ; ne pouvant se dérober plus longtemps, il lui répond par l'affirmative.

Le pasteur amoureux

Trois plans se superposent dans ce chapitre.

– Le pasteur éprouve pour Gertrude une **affection d'abord paternelle, puis amoureuse** : au sortir du concert, il l'appelle « ma chérie », « mon enfant », puis « Gertrude », et passe du **tu** (« Que t'importe de le savoir ? ») au **vous** (« Vous savez bien que vous êtes jolie »), dans une déclaration dont la solennité et l'évidence laissent Gertrude « très grave » et silencieuse.

– Par ailleurs, le pasteur est soucieux du **bonheur** de la jeune fille. Avec une hypocrisie due à la fois à son état et à ses sentiments, il veut lui cacher la laideur du monde réel, et n'a jamais encore «osé parler du mal, du péché, de la mort». En même temps, il lui cache sa propre beauté, sans doute par pudeur, et aussi par puritanisme, arguant du fait que «la beauté des âmes lui suffit». Pourtant, ses silences et ses gestes démentent ses pieuses paroles, lui faisant sentir «sans le lui avouer que partie de [s]on bonheur venait d'elle» (p. 57).

– En tant que **narrateur**, le pasteur est tiraillé entre son désir de relater les faits et de les interpréter, ayant suffisamment de recul pour le faire, puisqu'ils ont été vécus dans le passé. Il s'adresse curieusement à un interlocuteur imaginaire («on le comprend aisément», p. 55), comme pour se justifier. Il choisit les épisodes les plus caractéristiques, les plus riches en répercussions. Il diffère ses réponses ou répond de biais. Il note les détails qui signent son amour sans le nommer (rougeur, baisement de main, refus d'avouer une beauté qu'il a depuis longtemps remarquée, brusquerie, etc.). Bref, il cache à Gertrude la laideur du monde et le péché, et en même temps sa propre beauté.

Deux interprétations sont alors possibles : soit le pasteur est **un imposteur** qui se ment à lui-même et aux autres, et son châtiment à la fin du roman est justifié ; soit c'est un **être faible** qui cherche à lutter contre ses pulsions et à les accorder avec ses principes moraux et religieux. C'est au moins un «**esprit faux**» dans le sens que Gide donne à cette expression : «C'est celui qui éprouve le besoin de se persuader qu'il a **raison** de commettre tous les actes qu'il a envie de commettre ; celui qui met sa raison au service de ses instincts, de ses intérêts, ce qui est pire, ou de son tempérament» (*Journal des Faux-Monnayeurs*, p. 58-59).

Les réticences d'Amélie

Le portrait d'Amélie au retour du concert trahit davantage la mauvaise conscience du pasteur que l'amertume de sa femme qui, en éludant toute allusion au concert, se mure dans un silence réprobateur. Mais le pasteur, par petites touches, semble traduire ce silence pesant : «Aussitôt rentrés, Amélie trouva le moyen de me faire sentir qu'elle désapprouvait l'emploi de ma journée [...] Du reste elle ne me fit point précisément de reproches ; mais son silence même était accusateur [...] Amélie *du reste ne demeurait pas silencieuse*, mais *elle semblait* mettre *une sorte* d'affectation à ne parler que des choses les plus indifférentes...» (p. 59-60) ; de correction en correction, il montre qu'il cherche à cerner la qualité de ce silence et imagine, au conditionnel passé, les sentiments que sa femme eût pu manifester. La focalisation interne* (nous ne savons que ce que perçoit le pasteur) laisse un doute sur les motivations d'Amélie; certes, elle se montre peu généreuse mais, écartée d'une joie qu'elle n'a point partagée, elle ne peut percevoir les véritables sentiments de son mari. **La pudeur** autant que **la rancœur** gouvernent alors son silence. C'est ce qu'elle suggère dans la phrase mystérieuse qui clôt la scène : « Tu fais pour elle ce que tu n'aurais fait pour aucun des tiens » (p. 61), écho lointain de la parabole de la brebis perdue, et de celle de l'Enfant prodigue, que le pasteur évoque dans son commentaire.

Les justifications du pasteur

Qu'Amélie puisse souffrir elle-même ne semble pas effleurer l'esprit du pasteur ; il préfère se réfugier dans sa culture biblique qu'il estime Amélie incapable de comprendre : « C'était donc toujours le même grief, et le même refus de comprendre que l'on fête l'enfant qui revient, mais non point ceux qui sont demeurés, comme le montre la parabole » (p. 61). Curieusement d'ailleurs, le pasteur confond apparemment deux paraboles qui se suivent dans l'Évangile selon saint Luc, celle de la brebis égarée et celle de l'Enfant prodigue ; Gertrude ne peut revenir contrairement à l'Enfant prodigue, puisqu'elle n'est pas partie. Peut-être alors représente-t-il sa propre envie de partir du foyer conjugal, et, « incapable de le faire, [d']être néanmoins fêté à son retour[1] ». Puis il cherche à trouver des raisons accusant le comportement d'Amélie – son ignorance feinte de la cécité de Gertrude, son désintérêt pour la musique...

À travers cette vision pirandellienne[2] du couple, le lecteur ne sait plus qui a tort et qui a raison ; seuls les griefs dominent, et un véritable délire d'interprétation s'installe. L'habileté suprême de Gide est de suggérer tout cela à travers le seul discours du pasteur, nécessairement partial et univoque.

La fonction des larmes

Selon Alain Goulet, elles marquent la limite de l'écriture, « signifiant des sentiments sans les dire[3] ». Et elles sont le support privilégié du problème moral du mensonge (*ibid.*) ; Gertrude accuse en effet le pasteur de ne pas dire la vérité quand il lui cache ses pleurs.

---
1. Voir Marc Dambre, *La Symphonie pastorale d'André Gide*, Gallimard, p. 96.
2. Luigi Pirandello (1867-1936), dramaturge italien dont le thème favori est l'impossibilité de définir une personnalité à travers les visions contradictoires qu'on peut en avoir.
3. A. Goulet, *op. cit.*, p. 33.

Les larmes traduisent donc bien plus intensément la vérité que la parole ou les gestes. Gertrude, pleurant à son tour, blessée par l'incompréhension d'Amélie, se charge en quelque sorte des larmes du pasteur : l'échange de larmes remplace l'aveu non encore venu.

8 MARS (p. 63 à 80)

RÉSUMÉ

Le narrateur formule à nouveau ses griefs contre sa femme, qui ne lui permet de manifester son amour que par des marques d'affection négative, rétrécit sa vie, ne conçoit pas de progresser dans les sentiments ni les vertus chrétiennes qu'elle ne voit que comme une « domestication des instincts ».

Puis il « avoue » avoir oublié d'aller régler le compte de la mercière de Neuchâtel, commission dont Amélie l'avait chargé ; l'absence de reproches de sa part ne laisse pas de le gêner.

Il revient enfin à son projet, qui consiste à « tracer le développement intellectuel et moral de Gertrude » ; mais il en confesse la difficulté, ayant surtout retenu leurs conversations les plus récentes. Il s'étonne de sa rapidité d'esprit, qui précède parfois sa propre pensée, mais aussi de sa sagesse, qui surpasse celle de ses contemporaines, et en particulier Charlotte. Gertrude s'avère avide de lectures, et il prend soin de l'accompagner dans celle de la Bible.

Il relate ensuite une scène qui a suivi de peu le concert. Ayant pris l'habitude de laisser la jeune fille s'essayer à l'orgue de l'église, il l'y trouve un jour du début du mois d'août précédent en compagnie de Jacques ; les observant à leur insu, il s'étonne (et s'offusque) de voir Gertrude accepter les conseils de Jacques, le laissant guider ses doigts sur le clavier, puis porter sa main à ses lèvres au moment du départ. Le pasteur, peiné, ne fait aucune allusion à la scène.

Après le souper, Jacques annonce au pasteur son intention de rester pour les vacances. Le pasteur l'accuse d'abuser de l'innocence de la jeune fille, mais Jacques lui déclare son désir de l'épouser.

Abasourdi, le pasteur remet l'explication au lendemain. Il découvre alors l'adulte qu'est devenu son fils, et ne trouve rien à redire à ce projet, sinon qu'un «instinct aussi sûr que celui de la conscience» (p. 77) le pousse à s'y opposer, Gertrude étant encore trop immature. Et, faisant appel à sa «conscience», le pasteur obtient de Jacques de renoncer à son projet et de partir.

COMMENTAIRE

Un acte manqué

Le début du chapitre insiste d'autant plus sur les défauts d'Amélie que le pasteur a un curieux acte manqué à se reprocher : il a oublié la commission que lui avait confiée Amélie lui demandant de régler le compte de la mercière et de rapporter une bobine de fil, avant le concert à Neuchâtel. Par cet acte manqué, le pasteur révèle qu'il ne «remet pas ses dettes», c'est-à-dire, en langage pieux, qu'il ne pardonne pas à sa femme sa jalousie et qu'il ne lui fait pas grâce de son attitude. La bobine de fil symbolise ici sans doute le lien ténu qui unit ces deux êtres. Son sentiment de culpabilité se retourne alors en reproches adressés à lui-même, et l'inquiétude dont il est victime finit par lui apparaître comme le sujet même d'un sermon. Le pasteur n'est d'ailleurs pas dupe du caractère obsessionnel, ou de la mauvaise foi, de ses griefs ; en préférant des reproches précis à des «griefs imaginaires contre elle», il cherche à annihiler en quelque sorte aux yeux du lecteur tout le contenu affectif de ce début de chapitre...

Amélie « l'insouciante »

Telle est la signification de ce prénom. Or, Amélie semble être tout le contraire de l'insouciance, elle aime à s'absorber dans les habitudes quotidiennes et s'efforce à la «domestication des instincts». Mais les reproches du pasteur tournent tout entiers autour de sa propre personne : Amélie ne l'aime pas, rétrécit sa vie, ne lui réclame nulle action difficile. Et, emporté par son élan, il s'exclame : «Avec quelle joie j'accomplirais pour elle le téméraire, le périlleux!» (p. 63). Le conditionnel, l'emphase des adjectifs, opposent une vision chevaleresque, purement fantasmatique, à la plate réalité de son mariage. En fait, le grand défaut d'Amélie est de ne pas être Gertrude. L'action difficile, inaccoutumée, c'est la mission même dont il s'est chargé : éveiller la conscience, l'intelligence, l'amour de la jeune aveugle. Il y a là un **déplacement***, au sens freudien, caractéristique.

La contraction du récit

La chronologie, très embrouillée dans le détail, obéit en fait aux règles du récit : tel fait isolé important (première sortie, concert) entraîne avec lui des réactions, des réflexions de la part de Gertrude ou du pasteur, qui, s'insérant dans la narration, « court-circuitent » l'histoire de la lente évolution de l'éducation de la jeune fille, et donc le journal qui la relate. C'est ce que remarque longuement le pasteur, dans une sorte de **temps mort** entre deux événements fondamentaux : le concert et la réaction d'Amélie d'une part, l'entrevue de Gertrude et de Jacques dans la chapelle d'autre part. Temps et mémoire ont donc fait défaut au pasteur, qui **contracte** en quelque sorte la chronologie, pour synthétiser l'essentiel à l'intention d'un lecteur éventuel.

Les nourritures intellectuelles

Le pasteur saisit ici l'occasion de refaire l'éloge de Gertrude. Il file longuement la métaphore de l'aliment, dont il nourrit Gertrude. Un aliment purement intellectuel qu'il « approche » d'elle, et que son esprit absorbe par « un travail d'assimilation et de maturation continuel » (p. 66). Gertrude se montre insatiable de ces nourritures intellectuelles, et même avide des lectures qui en sont porteuses (cf. p. 67). Le pasteur devient ainsi le « père nourricier » de Gertrude ; de même que dans la **communion*** il distribue le pain de la vie spirituelle, de même il apporte à Gertrude l'aliment propre à développer son esprit. Fortifiée par cette assimilation continuelle, Gertrude fait des progrès étonnants, surpassant même la pensée du pasteur. L'élève dépasse le maître, entraînant le récit vers une inversion de leurs rapports.

Gertrude et la Bible*

L'éducation de Gertrude devrait tout naturellement déboucher sur une pratique assidue de la lecture de la Bible. Or, le pasteur montre en ce domaine une certaine réticence, les Écritures tenant dans le premier cahier une place curieusement restreinte. La phrase où il s'en explique dévoile ses hésitations : « Il va sans dire que Gertrude était très avide de lectures ; mais, soucieux d'accompagner le plus possible sa pensée, je préférais qu'elle ne lût pas beaucoup – ou du moins pas beaucoup sans moi – et principalement la Bible, ce qui peut paraître bien étrange pour un protestant » (p. 67). Le lecteur ne sait pas exactement si le pasteur désire que Gertrude restreigne ses lectures, qu'elle lise peu la Bible, ou encore qu'elle lise peu sans lui. Il note lui-même l'étrangeté de ce comportement « pour un protestant », dont la Bible est le pain quotidien, et encore, dans un esprit de « libre examen », selon la tradition luthérienne et calviniste.

En fait, ses réticences dévoilent le non-dit de cette réflexion : la Bible est le « jardin secret » du pasteur sur le plan professionnel et Gertrude l'est aussi, sur le plan affectif. Que Gertrude lise la Bible en dehors de sa direction lui est insupportable. Cependant à ce moment du récit, le pasteur ne peut l'avouer ; c'est donc au lecteur, encore une fois, de déchiffrer un message codé.

Leçons de musique

L'événement suivant a une valeur fondamentale dans le roman. Et pourtant le pasteur le qualifie de « petit fait qui a rapport à la musique » (p. 67), dans un désir évident d'en minimiser l'importance. Il le situe cependant dans le temps, durant l'été qui a suivi le concert et ramené Jacques pour les vacances.

La scène de la rencontre devant l'harmonium fait passer Gertrude du statut d'auditrice « passive » à celui d'exécutante dans son apprentissage de la musique, et permet d'introduire dans le récit un nouveau personnage, Louise de la M..., dont l'importance ne fera que croître dans le deuxième cahier ; cette scène confère aussi un rôle accru à Jacques. Le pasteur, dépossédé de ses rôles d'initiateur et d'amoureux, découvre pour la première fois que Gertrude a une vie autonome, un secret qu'elle préserve, une duplicité ingénue. En Jacques, il découvre un adulte, qu'il s'obstine à traiter en enfant soumis. D'où l'ambiguïté de ses réactions et son hypocrisie. Mais les **nécessités du récit** commandent la mise en scène à laquelle il se livre en espionnant les jeunes gens : il est important en effet que le lecteur voie Jacques et Gertrude réunis, mais, dans un récit à la première personne, cette scène n'est possible que si l'on fait du narrateur un témoin muet et invisible, comme l'Asmodée de Lesage[1], d'une scène où sa place n'est pas marquée.

Des réactions très humaines

Pour être témoin et narrateur, le pasteur n'en est pas moins homme, et on le voit souffrir d'une découverte qui suffit à mettre en péril ses projets. D'où ses réactions affectives, abondamment notées : il est « extrêmement surpris », trouve « étrange » l'attitude de Gertrude ; il se sent « plus étonné, plus peiné » qu'il n'aurait voulu se l'avouer ; puis une « grande tristesse » l'envahit. De fait sa retenue, dans ses actes et dans ses propos, cache mal

---

1. Personnage diabolique du *Diable boiteux* (1707), qui a le pouvoir d'enlever le toit des maisons pour voir ce qui s'y passe.

la déflagration qui se produit en lui, mêlant hypocrisie et pudeur de façon **pathétique** ou **ironique**, selon le regard du lecteur.

La rivalité du père et du fils

Tout le reste du chapitre est consacré (p. 75 à 80) aux deux entrevues entre le père et le fils, le même soir et le lendemain. Elles sont transcrites au style direct, accusant ainsi un aspect légèrement théâtral, entrecoupées de courtes réflexions ou d'indications concrètes. Est mise ici en scène la rivalité entre le père et le fils, qui couvait depuis l'épisode du bras cassé (p. 49), accident que l'on peut interpréter en effet comme un **fantasme de castration**, privant symboliquement le fils de l'attribut viril, et, sur le plan narratif, le privant de l'écriture, monopole du pasteur; mais, par une ironie bien gidienne, c'est justement à l'occasion de cette « castration » que le fils s'éprend de Gertrude, devenant ainsi le rival du père.

On comprend dès lors les réactions d'agressivité du pasteur, qui note, comme des **didascalies*** en marge d'une scène de théâtre, le ton de sa voix, son regard appuyé, sa stupeur, etc.; et, au contraire, la sérénité, la bonne conscience de Jacques, son ton « dégagé », etc. L'heure tardive et l'isolement accentuent la tension de la « scène », construite de façon rigoureuse : silence chargé d'orage, rompu par Jacques de façon apparemment anodine (il veut rester à la maison pour les vacances); ironie du pasteur qui relance le dialogue (« Enfin, tu as trouvé de quoi t'occuper ? »), allusion que Jacques feint d'ignorer par une remarque banale : « J'ai toujours préféré le livre à l'alpenstock* » (p. 73). Le pasteur précise son allusion avec « les leçons d'accompagnement à l'harmonium », que Jacques élude symboliquement en portant sa main devant son front, « comme pour s'abriter de la clarté de la lampe » (ce qui suggère que le pasteur est seul à posséder la lumière). Les répliques suivantes sont de plus en plus longues, alternant les aveux du jeune homme et les réactions désordonnées du pasteur. Le style de Jacques, un peu livresque, est celui de l'innocence ; celui du pasteur, ponctué d'exclamations, de sentences morales et de malédictions, manifeste la passion mal maîtrisée.

Le malentendu

Cette scène pénible, qui révèle les êtres à eux-mêmes, est suivie, le lendemain, d'un dialogue plus serein, où le pasteur reprend le dessus ; il s'y dévoile sous trois visages : celui de l'**amoureux**, prêt à tout pour garder Gertrude ; celui du **père**, qui entend être obéi, en faisant appel à son autorité et à la « conscience » de son fils ; celui du **narrateur**, qui évite, dans son journal, de se juger, laissant au lecteur le soin de le faire.

10 MARS (p. 81 à 88)

RÉSUMÉ

Le pasteur évoque d'abord la difficulté de s'isoler et de s'entretenir avec l'un des siens dans sa maison trop petite. En l'absence de Jacques et de ses enfants, partis en promenade avec Gertrude, il prend le thé avec sa femme, et mesure le mur d'incompréhension qui les sépare. Son empressement à lui rapporter l'entretien avec Jacques se heurte à la placidité d'Amélie, déjà informée de la situation. La conversation, toute en demi-teintes, oppose le manque d'intuition du pasteur aux réflexions d'Amélie, qui tente de faire prendre conscience à son mari de son aveuglement. Elle pressentait en effet cet amour entre Gertrude et Jacques, mais « c'est un genre de choses que les hommes ne savent pas remarquer », dit-elle au pasteur (p. 83). Elle avoue n'avoir jamais approuvé la présence de Gertrude ; le pasteur propose donc d'éloigner la jeune fille en la mettant en pension chez Mlle de la M..., où il continuera à lui rendre visite. Amélie ne répond pas à cette suggestion. Le pasteur reprend son discours, invoquant la probable « guérison » d'amour de Jacques, puis il ajoute : « À son âge, connaît-on seulement ses désirs ? » « Les connaît-on plus tard ? », répond mystérieusement Amélie, et elle avoue la difficulté d'avertir le pasteur de ce qu'il ne remarque pas. Émue, elle fond en larmes à sa demande brutale d'éclaircir ses propos ; il lui demande pardon, puis elle pose ses doigts sur son front en disant : « Mon pauvre ami ! », et quitte enfin la pièce. Le pasteur rapporte cet entretien, apparemment sans le comprendre ; il en retient toutefois qu'il est temps d'éloigner Gertrude de la demeure familiale.

COMMENTAIRE

Contraintes spatiales et temporelles

La modicité du train de vie du pasteur conduit à une situation d'étouffement. Certes le « Lieu saint » – cette pièce réservée au pasteur et baptisée ainsi par ses enfants – permet au pasteur de s'isoler pour travailler et recevoir des étrangers, mais non les siens. Reste la salle commune, où seules des circonstances particulières peuvent favoriser des tête-à-tête ; l'entretien avec Jacques se fait au moment studieux de la veillée ; avec Amélie, c'est à l'heure du thé. La rareté des entretiens avec Amélie leur donne une solennité qui intimide et trouble le pasteur.

André et Madeleine Gide

Le pasteur insiste longuement d'ailleurs sur sa difficulté à communiquer avec sa femme, qu'il généralise en soulignant combien deux êtres, « vivant somme toute de la même vie, et qui s'aiment, peuvent rester (ou devenir) l'un pour l'autre énigmatiques et emmurés » (p. 82). Nul doute ici que Gide transcrive sa propre situation avec sa femme, surtout après la découverte par celle-ci de sa relation avec Marc Allégret. Dans la vie de l'auteur, ce mur conjugal ne fit que se renforcer, quand Madeleine eut brûlé toute sa correspondance avec son mari en 1918[1], malgré un amour et une estime mutuels, remontant à l'enfance. On remarquera à ce propos comment est filée la métaphore : les paroles, à l'intérieur du couple, sonnent comme « des coups de sonde pour nous avertir de la résistance de cette cloison séparatrice et qui, s'y l'on n'y veille, risque d'aller s'épaississant... » (p. 82-83).

L'incommunicabilité des êtres

Après ce prélude, le dialogue entre le pasteur et Amélie illustre les effets de ce mur dressé entre les époux, avec une certaine ironie de la part de l'auteur, qui renverse chez le lecteur l'opinion qu'il se faisait de chacun des personnages. Amélie apparaît ici sous son vrai jour comme une femme sensible, lucide, mais qui a du mal à exprimer ses émotions, et le pasteur, comme un homme dont la culpabilité le gêne au point de ne pas saisir les allusions de celle-ci ; il n'est pas encore mûr pour comprendre sa propre vérité. Le dialogue, composé de courtes répliques ponctuées de brefs commentaires, souligne ce décalage : Amélie ne répond pas sur le fond, elle évite de parler en son nom (« **on** voyait venir cela depuis longtemps »), ou répond de façon détournée en revenant sur le passé (« je n'ai jamais approuvé la présence de cette enfant »). De son côté, le pasteur interprète les paroles de sa femme en y projetant son propre désir, s'appuyant sur les mots mêmes qu'elle prononce : « J'ai toujours pensé qu'il n'en pourrait rien résulter que de **fâcheux**. [...] – Alors tu condisères comme **fâcheux** un tel mariage » (p. 84-85). Un peu plus loin, c'est au tour d'Amélie de saisir la balle au bond, dans l'espoir d'éclairer son mari : « À son âge, est-ce qu'**on connaît seulement**

---

[1]. Voir p. 6.

ses désirs ? – Oh ! même plus tard **on ne les connaît pas toujours**» (p. 86). Remarquons son habileté à faire passer l'emploi du pronom indéfini *on* de son sens général à un sens beaucoup plus particulier.

Le mot «désir», pivot de la scène, devrait éclairer le pasteur. Celui-ci, obstinément obtus, parle de sa femme en termes de «bizarrerie», d'«énigme», de «mystère», auxquels il oppose son goût de la franchise et son horreur des sous-entendus.

La fin de l'entretien, empreint d'un pathétique discret, souligne la nature aimante d'Amélie. Or le pasteur, en tant que narrateur, évite de commenter la scène, se contentant d'en souligner l'étrangeté.

L'art de la litote

Amélie ne s'exprime qu'au hasard des mots de son mari, sur lesquels elle prend appui ; **deux champs sémantiques** dominent son discours – celui de la **parole** (parler, avertir, remarquer) et celui de l'**intuition** : elle «voit venir les choses», les «prévoit». Elle évite tout jugement de valeur direct sur les projets de son mari ; mais son corps parle pour elle : elle hausse les épaules, a «un sourire un peu crispé du coin de la lèvre», hoche la tête, soupire, garde les lèvres serrées, et, à la fin, chancelle, ses lèvres tremblent. Son geste tendre en dit bien plus qu'un long discours.

On comprend, dans ce climat, le sens des leçons d'«harmonie» que Gertrude recevra chez Louise de la M...

12 MARS (p. 89 à 96)

RÉSUMÉ

Le lendemain, le pasteur entraîne Gertrude dans leur promenade quotidienne, jusqu'à un repli du Jura d'où l'on aperçoit les «Alpes blanches», un paysage grandiose que le pasteur décrit à la jeune fille. Celle-ci lui demandant s'il y a, comme dans l'Évangile, des «lis des champs» dans la prairie, le pasteur répond qu'ils ont disparu avec les cultures. Avec «un peu plus de confiance», dit-elle alors, l'homme pourrait les voir à nouveau fleurir. Et elle les décrit en imagination, somptueusement, avant de citer avec enthousiasme les paroles du Christ sur Salomon, qui «même dans toute sa gloire, n'était pas vêtu comme l'un d'eux». Tandis que le pasteur se remémore une prière rendant grâce à Dieu « de révéler aux humbles ce qu'[il] cache aux intelligents », Gertrude, portée par son élan, « décrit » le paysage, en le comparant à un grand livre. La mention des Alpes amène le souvenir de Jacques, puis l'interrogation du pasteur : pourquoi Gertrude a-t-elle caché leurs rendez-vous à l'église ? Pour ne pas lui faire de peine, répond-elle, et elle lui prend la main, déclarant son amour pour le pasteur, et le justifiant : ce n'est pas un mal, puisqu'il est marié, et qu'elle-même est aveugle ; Jacques doit donc renoncer à l'aimer, ce qu'elle lui dira avant son départ. Le retour a lieu dans un beau crépuscule.

COMMENTAIRE

La beauté du monde

Ce chapitre, qui constitue en quelque sorte le sommet de l'œuvre, contraste avec les précédents : aux scènes d'intérieur (église, maison) succède une scène de plein air, et aux dialogues houleux du pasteur avec les siens, une déclaration amoureuse.

Le cadre d'un tel épisode se doit d'être mis en valeur ; la lumière du crépuscule, par beau temps de surcroît, y est particulièrement favorable ; le paysage des Alpes bernoises, aperçu par temps clair d'un repli du Jura, situé à quatre-vingts kilomètres environ, par-delà le lac de Neuchâtel et le Plateau suisse,[1] que le pasteur appelle l'« immense pays dominé », suscite « l'émerveillement ». L'endroit est accueillant, l'ambiance champêtre. Gertrude ne voit pas le paysage, mais elle le connaît bien, car le pasteur le lui a souvent décrit. L'auteur évite donc la difficile description de la chaîne des Alpes, qui serait un élément extérieur à l'action. Il préfère, après quelques remarques ingénieuses (les cloches « dessinent le paysage », remarque Gertrude, et le pasteur compare les montagnes à « la soif d'un plein jour d'été », p. 90), orienter autrement le dialogue, grâce à une célèbre parabole des Évangiles (Luc, XII, 27).

Les lis des champs

Gertrude, nourrie de la Bible, demande au pasteur s'il y a des lis dans la prairie. Celui-ci nie leur existence par trois fois, avec une force surprenante, quoique avec des nuances : ils ne croissent pas si haut, ou ont disparu avec

---

1. Voir carte p. 77.

les cultures[1]. Manifestement, il ne situe pas l'existence de ces lis sur le même plan que la jeune fille et l'on voit ici s'opposer le réel au symbolique ; Gertrude a compris le symbolisme de cette fleur comme l'image de l'abandon mystique à la grâce de Dieu. Non seulement elle «voit» les lis, mais elle les «décrit», métaphoriquement, comme «des cloches de flamme, de grandes cloches d'azur, emplies du parfum de l'amour et que balance le vent du soir» (p. 91-92). Ces couleurs métaphoriques, ce style pieux très «fin de siècle» est celui-là même qu'affectionne Gide dans ses œuvres lyriques [2]. Le rythme, harmonieux, groupe trois octosyllabes et un décasyllabe avec un effet de cadence majeure* ; le mélange de sonorités sifflantes et liquides concourt à la magie de l'évocation. Cette exaltation trouve son accomplissement dans une sorte de cantique à deux voix entre le pasteur et Gertrude sur la beauté des lis, déclinée selon toutes les formes de comparatifs : «Ils ne sont pas plus beaux que tu les vois... – Dites qu'ils ne sont pas moins beaux. – Ils sont aussi beaux que tu les vois» (p. 92).

Un paysage imaginaire

Tout le passage illustre le thème selon lequel la confiance et l'amour valent mieux que la vue pour découvrir la beauté du monde. De la référence à «Salomon dans sa gloire, moins bien vêtu que les lis des champs» (Matt. VI, 28-29) à la description fantastique qui suit, l'exaltation de Gertrude va grandissant, renouvelant les Écritures par sa voix mélodieuse ; l'attendrissement du pasteur se traduit par une action de grâces spontanée, puis par le tutoiement de la jeune fille et l'emploi de possessifs affectueux («Ma Gertrude»)[3].

La «description» du paysage par Gertrude est d'abord fort exacte, avec les grands sapins «au goût de résine» (p. 93), et le chant de leur plainte dans le vent. Puis, dans un remarquable effet de **mise en abyme**, elle mime **l'opération même de l'écriture** : la prairie y est «comme un **livre** ouvert, incliné sur le pupitre de la montagne [...] dont **les mots** sont distincts des fleurs, [...] que les vaches viennent **épeler** avec leurs cloches, et où les anges viennent **lire**, puisque [selon le pasteur] les yeux des hommes sont clos» (p. 93). Parallèlement au pasteur attelé à son pupitre et rédigeant, dans l'intimité de son cabinet, l'histoire que nous lisons, **Dieu écrit le grand livre du monde**, que seuls les anges, les animaux et les aveugles savent déchiffrer.

---

1. En fait il s'agit d'anémones, de colchiques, etc.
2. *Cahiers d'André Walter*, *Nourritures terrestres*.
3. Voir p. 89, «Sujets de travaux».

On admirera là aussi la beauté de cette page, avec la richesse et la précision de son vocabulaire, l'ingéniosité des images. « Un grand fleuve de lait fumeux » achève, « au bas du livre », la description, sans autre limite que celle des Alpes qui, par association d'idées, ramènent le souvenir de Jacques.

Première déclaration

Après le lyrisme du passage précédent, on est frappé par le caractère franc et direct de ce dialogue. Il n'y a plus d'élève ni de maître, mais une femme qui avoue naïvement son amour, tout en invoquant les raisons qui empêchent cet amour : sa cécité et le fait que le pasteur est marié. Mais, si ces obstacles leur laissent malgré tout la liberté de s'aimer, le problème moral demeure intact, escamoté avec une ingénuité non dénuée de rouerie chez Gertrude, qui « ne veut faire souffrir personne » et « ne veut donner que du bonheur », et chez le pasteur, pour qui « le mal n'est jamais dans l'amour » (p. 95). Mais de quel amour parle-t-il ? Éros ou Agapé ? Cette question fera l'objet de la problématique du Deuxième cahier. Le premier s'achève ici, interrompu par la fonte des neiges, laissant le pasteur libre d'accomplir des tâches autres que la rédaction de son journal.

DEUXIÈME CAHIER (p. 97 à 149)
25 AVRIL (p. 99 à 103)

RÉSUMÉ

Le pasteur reprend son journal après un mois et demi d'interruption, due à la reprise de ses activités pastorales. En en relisant les dernières pages, il ose enfin s'avouer son amour pour Gertrude, et saisir les allusions jusque-là obscures d'Amélie. L'amour en dehors du mariage lui semblait inconcevable, et Gertrude n'était pour lui qu'une enfant. Aucune culpabilité n'entachait d'ailleurs ses sentiments.

Gertrude s'est résolue à parler à Jacques, qui semble désormais la fuir. Elle va loger chez Mlle Louise, chez qui le pasteur continue de lui dispenser son éducation religieuse en vue de sa première communion, qu'elle vient de faire, précise le narrateur, « il y a de cela quinze jours ». À cette occasion, Jacques n'a pas daigné accompagner son père à la Table Sainte, non plus qu'Amélie, attitudes dans lesquelles le pasteur devine de muets reproches.

COMMENTAIRE

La fonte des neiges

On a remarqué, au début de l'œuvre, le rôle fondamental de la neige dans la rédaction de ces cahiers. En bloquant le village, et en retenant prisonnier le pasteur, celle-ci l'amène à transcrire l'histoire de Gertrude. Ici, nous assistons au phénomène inverse. La fonte des neiges permet au pasteur d'arpenter le pays au lieu de faire courir sa plume sur la page blanche. Par ailleurs, elle marque une pause dans le récit que le dernier entretien entre Gertrude et le pasteur a, de par son intensité, rendue nécessaire. Cette fonte des neiges manifeste la dissolution de l'ensemble familial, en même temps qu'elle correspond à l'affaiblissement des résistances du pasteur et à la maturité de Gertrude, signifiant ainsi que la couleur blanche était la métaphore de l'innocence et de la sublimation. Avec le printemps l'activité humaine reprend, et les sentiments reçoivent enfin un nom.

La « surprise de l'amour »[1]

« La nuit dernière j'ai relu tout ce que j'avais écrit ici... » (p. 99). Le pasteur analyse longuement les faits récents et finit par accepter ce qu'il ne s'avouait pas. La relecture du Premier cahier a cristallisé un travail latent, qui se faisait à son insu depuis le mois d'août précédent : une nuit a donc suffi pour parachever cette longue évolution et produire cette révélation. D'où l'emploi du verbe « oser » pour évoquer ses sentiments véritables, et le retour sur soi inauguré par l'expression « Je m'explique à peine », suivie de trois interrogatives indirectes commençant chacune par « comment », anaphore qui scande vigoureusement le discours. Chacune de ces interrogations (p. 99-100) concerne un personnage du trio fondamental : le pasteur (« comment j'ai pu jusqu'à présent m'y méprendre »), Amélie (« comment certaines [de ses] paroles [...] ont pu me paraître mystérieuses »), Gertrude enfin (« comment après [ses] naïves déclarations, j'ai pu douter encore si je l'aimais »).

Dans la phrase explicative suivante, deux coordonnées commencent par le même verbe : « Je ne consentais point », qui marquent l'auto-analyse. On reconnaîtra dans ces phrases à l'allure périodique* un rythme ternaire, qui suggère l'émotion du pasteur, puis un rythme binaire, plus conforme à l'explication rationnelle. La fin du passage repose sur le syllogisme* suivant :

---

1. Titre d'une pièce de Marivaux (1722).

J'éprouve un sentiment passionné pour Gertrude ;
Or il n'y a pas d'amour permis hors du mariage ;
Donc mon sentiment n'est pas de l'amour...

Syllogisme qui se suffit à lui-même pour expliquer comment un certain type d'éducation chrétienne peut conduire aux erreurs de jugement les plus dommageables...

Le rôle de l'écriture et de la relecture

Tout le passage opère un dédoublement de l'acte d'écrire, traduit par des verbes comme «*j'ai relu* tout ce que *j'avais écrit* ici» ou «ce n'est qu'*en les relisant* [les conversations précédentes] cette nuit-ci que *j'ai compris*». Par cette relecture le pasteur est enfin capable de s'orienter dans les méandres de ses sentiments. D'où une opposition constante entre les verbes au passé, qui marquent l'aveuglement plus ou moins volontaire («j'ai pu m'y méprendre», «j'ai pu douter», «je ne consentais point», «je me persuadais», «d'un entraînement j'avais fait un devoir»), et l'unique verbe au présent, qui énonce avec lucidité la révélation («j'ose appeler par son nom le sentiment si longtemps inavoué de mon cœur», p. 99). Entre les deux on trouve un raisonnement qui justifie la conduite du pasteur, grâce à un jeu habile sur le mot «amour»: l'amour «répréhensible» courbe l'âme, or «ne me sentant point l'âme chargée, je ne croyais pas à l'amour» (p. 101).

Le reflux de la parole. Communion et désunion

Après la scène du chapitre précédent, est revenue la sérénité familiale, mais au prix de l'absence de communication entre les êtres: à son retour de vacances, Jacques fuit Gertrude ou ne lui parle qu'en présence de son père; le pasteur lui-même ne s'adresse plus à Gertrude qu'en présence de Mlle Louise, et leurs entretiens n'ont désormais plus de caractère privé, ayant pour seul objet la préparation à sa première communion.

Ce beau mot de **communion**, qui désigne, selon le Robert, «l'union de ceux qui professent une même foi», et par suite la «réception du sacrement de l'eucharistie», devient, lors de la cérémonie de Pâques, par une malheureuse inversion des valeurs, le symbole de la désunion: Jacques n'accompagne pas le pasteur à la Table Sainte*, ni Amélie, pour la première fois depuis leur mariage. Gertrude ne peut évidemment être témoin de cette attitude, que le pasteur interprète comme un muet reproche. La nature de la réaction de Jacques fera, comme le note le pasteur, l'objet d'une explication au chapitre suivant.

3 MAI (p. 104 à 108)

RÉSUMÉ

À l'occasion de l'instruction religieuse de Gertrude, le pasteur relit l'Évangile «d'un œil neuf», et découvre que la foi chrétienne semble plutôt relever des commentaires de saint Paul que des paroles du Christ. Là se situe la source de son différend avec Jacques : le jeune homme, que son père juge «dogmatique», lui reproche de choisir dans la doctrine «ce qui [lui] plaît». Le pasteur, lui, est sensible à l'absence, dans l'Évangile, de tout commandement ou interdit. Les âmes comme Jacques, qui ont besoin d'une loi, préfèrent des «garde-fous» et tolèrent mal la liberté, préférant le bonheur dans la soumission au bonheur dans l'amour. Et le pasteur se croit plus jeune que son fils, voyant dans l'Évangile une «méthode pour arriver à la vie bienheureuse». Or, si le péché est ce qui s'oppose à la joie, Gertrude est heureuse parce qu'elle ignore le péché. Le pasteur lui fait lire les Évangiles, les Psaumes, l'Apocalypse* et les Épîtres* de Jean, mais non ceux de Paul et il s'attache à lui montrer plutôt la lumière divine que le lien entre péché et commandement.

COMMENTAIRE

Le petit carnet vert

Commence ici le débat théologique entre le père et le fils, qui va les séparer plus encore que leur rivalité amoureuse. Or ce débat reflète exactement les déchirements intérieurs de l'auteur entre 1916 et 1919. Le primat de l'Amour, incarné par le Christ, sur la Loi, incarnée par saint Paul dans ses Épîtres, l'Évangile comme «méthode pour arriver à la vie bienheureuse», la recherche du bonheur et de la joie, autant de traits de la croyance de Gide dans sa jeunesse, réactualisés pendant la période de la guerre, dont les angoisses et les expériences l'amènent à une crise dont un petit «carnet vert», rédigé entre 1916 et 1919, se fait l'écho, et publié en 1926 sous le titre de *Numquid et tu...?* («*Numquid et tu es Galileus?*», «Toi aussi es-tu par hasard Galiléen?», question des Pharisiens à Nicodème qui défendait Jésus, accusé de ne pas reconnaître la Loi.) Gide répondait évidemment affirmativement à cette question : lui aussi était Galiléen, comme le Christ.

De cette vingtaine de pages, Gide a surtout retenu celles du début pour les attribuer au pasteur de *La Symphonie* ; voici la confrontation de ces textes :

Journal, 18 février (1916)	*La Symphonie pastorale*
« [...] Encore un coup, il n'y a ici ni prescription, ni ordre. Simplement c'est le secret de la félicité supérieure que le Christ, comme partout ailleurs dans l'Évangile, nous révèle. *Si vous savez ces choses vous êtes heureux*, dit le Christ, plus tard (Jean XIII, 17). Non pas : *vous serez heureux* – mais : *vous ÊTES heureux*. C'est dès à présent et tout aussitôt que nous pouvons participer à la félicité » (*Journal 1889-1939*, Pléiade, p. 591).	« Est-ce trahir le Christ, est-ce diminuer, profaner l'Évangile que d'y voir surtout une *méthode pour arriver à la vie bienheureuse*[1] ? L'état de joie, qu'empêchent notre doute et la dureté de nos cœurs, pour le chrétien est un état obligatoire. Chaque être est plus ou moins capable de joie. Chaque être doit tendre à la joie » (p. 107). 1. Titre d'un ouvrage du philosophe allemand Fichte (1806), que Gide lut dans sa jeunesse.

Cependant, Gide note à la date du 23 juin, dans une sorte de correctif : « Ne t'étonne pas d'être triste ; et triste à cause de Moi. La félicité que je te propose exclut à jamais ce que tu prenais pour du bonheur » (p. 600). Le pasteur n'est pas si lucide : il s'en tient à une conception si vaste de l'Amour qu'elle englobe à la fois le bonheur terrestre et la félicité en Dieu, conception qui introduit une confusion entre Éros et Agapé, l'amour charnel et l'amour divin.

Père et fils

Ainsi, le débat intérieur de Gide en l'année 1916 est comme dédoublé dans son roman en un conflit spirituel entre le père et le fils. Or, paradoxalement, c'est le pasteur qui revendique la jeunesse d'esprit, l'ouverture à la parole divine, le sens de l'amour et de la joie ; tandis que Jacques apparaît comme un jeune vieillard, sec, dogmatique et traditionaliste. Si le pasteur abandonne à son fils la maîtrise du raisonnement, et donc court le risque d'être un jour supplanté par lui sur le plan intellectuel, c'est parce qu'il pense posséder l'essentiel, c'est-à-dire l'Amour comme la source de la liberté. Ce qu'il résume dans une brillante formule : « S'il est vrai de penser que l'âme aimante se réjouit de sa soumission volontaire, rien n'écarte plus du bonheur qu'une soumission sans amour » (p. 106).

Cette querelle apparemment purement familiale s'enracine en fait dans l'histoire du protestantisme* à la fin du XIXe siècle : le pasteur représente le **protestantisme libéral**, qui comprend davantage la religion comme une conduite plutôt que comme un dogme ; son fils illustre le **protestantisme orthodoxe**, plus soucieux de rigueur doctrinale. Or Gide était, comme le pasteur, partisan du premier. On ne peut donc interpréter *La Symphonie pastorale*, comme certains, sous l'angle d'une vision purement ironique du pasteur[1] !

Ce sens de l'état de joie

Il est pourtant vrai que cette relecture de l'Évangile laisse le lecteur perplexe. Dans le contexte de la rédaction de *Numquid et tu...?* (angoisse d'un monde qui disparaît dans la guerre, sentiment de vide après l'achèvement des *Caves du Vatican*, activité épuisante auprès des réfugiés au Foyer franco-belge, conversion de son ami Ghéon, lectures religieuses, et surtout révélation à Madeleine de la liaison avec Marc Allégret, qui l'amène à brûler les lettres de son mari), elle a aidé Gide à alléger ses angoisses. Dans celui du Deuxième cahier de *La Symphonie*, elle prend un tout **autre sens**, à la limite de la mauvaise foi et de l'aveuglement. C'est en effet son sentiment pour Gertrude et l'état d'exaltation joyeuse qui s'ensuit qui amènent le pasteur à voir autrement l'Évangile. En témoigne la date à laquelle le pasteur en parle – le 3 mai – qui fait suite à une relecture de ses propres pages et qui l'aide à voir clair en lui. Il semble pourtant que cette nouvelle vision de l'Évangile soit déjà ancienne, puisqu'elle est associée, dès le début du chapitre, à la formation pieuse de la jeune fille : « L'instruction religieuse de Gertrude *m'a amené* à relire l'Évangile avec un œil neuf » (p. 104). Le passé composé peut alors se lire soit comme l'équivalent d'un passé simple (lointain), soit comme un parfait latin : achèvement d'une action dont le résultat dure encore. C'est donc moins le contenu de cette proposition qui est signifiant, que **sa place dans l'économie du roman**.

Gertrude et le péché

« Si vous étiez aveugles, vous n'auriez point de péché » (Jean, IX, 41). Le pasteur cite une première fois (p. 107) cette parole du Christ qui « s'est

---

[1]. Voir en particulier Marc Dambre, *op. cit.*

dressée lumineusement devant [lui] ». Suit un raisonnement selon lequel Gertrude « ne connaît point le péché », parce qu'elle est aveugle, et que son « parfait bonheur », sa « clarté », son « amour », viennent de là. Le pasteur infère donc d'un **défaut physique** à une **qualité morale et spirituelle**, sous le signe de l'ignorance de ce qui est perçu par la vue. Mais ne force-t-il pas là aussi la signification de l'Évangile dans le sens qui lui convient ? Dans l'Évangile de Jean, après la guérison de l'aveugle-né un jour de sabbat, les Pharisiens sont humiliés de la leçon que celui-ci leur donne, en professant l'origine divine du Christ qui l'a guéri, lui, un homme « plein de péché ». À leur question « Serions-nous aveugles nous aussi ? », le Christ répond : « Si vous étiez aveugles, vous n'auriez pas de péché ; mais maintenant, parce que vous dites : Nous voyons, votre péché demeure » (Jean, IX, 40-41).

Selon certains[1], le Christ a voulu dire : « Si vous aviez l'humilité de l'ignorance, comme l'aveugle-né, vous obtiendriez de voir, de croire ; mais, parce que vous dites : nous sommes savants, nous connaissons la Loi, votre aveuglement à mon égard, votre manque de foi demeure. » Selon d'autres, le sens est : « Si vous n'aviez aucune connaissance de la volonté de Dieu, par cécité spirituelle, vous seriez excusables, sans péché ; mais puisque vous dites : nous voyons, vous prétendez être les guides spirituels de la nation, et pourtant vous ne savez pas distinguer l'œuvre de Dieu en moi ; votre péché subsiste, votre attitude à mon égard est un acte d'insubordination à Dieu. » Si la conclusion est la même dans les deux interprétations, l'hypothèse semble plus grave dans le premier cas, l'aveuglement des Pharisiens y étant volontaire. On constate, de toute façon, qu'on est ici assez loin du cas de Gertrude, qui elle-même, une fois opérée, démentira l'interprétation du pasteur (p. 145).

8 MAI (p. 109)

RÉSUMÉ

Le docteur Martins, après avoir examiné les yeux de Gertrude, pense qu'elle est opérable par un spécialiste de Lausanne. Mais le pasteur et lui préfèrent ne l'en avertir qu'en toute certitude.

---
1. Voir le commentaire de la Bible Osty, p. 2284.

10 MAI (p. 110 à 121)

RÉSUMÉ

Gertrude et Jacques se sont revus à Pâques, en présence du pasteur. Jacques a pris, semble-t-il, beaucoup de distances à l'égard de Gertrude. Son amour était-il donc si ardent ? En tout cas, la contrainte qu'il s'est imposée opère en lui jusque dans le domaine religieux, comme on l'a vu. S'ensuit une querelle théologique entre le père et le fils, par billets interposés, portant sur la soumission par la Loi et par l'amour, à coup de citations de l'Évangile et des Épîtres de saint Paul.

Le pasteur préfère cependant laisser Gertrude à l'écart de ces différends, en lui laissant croire que « le seul péché est ce qui attente au bonheur d'autrui » ou au nôtre. Amélie, elle, semble de plus en plus rétive au bonheur et assombrit son entourage en morigénant constamment ses enfants. Sarah ressemble à sa mère, au grand regret du pasteur. Celui-ci recherche constamment la solitude et va voir Gertrude le plus souvent possible chez Mlle de la M..., qui élève également trois autres jeunes aveugles. Là, il trouve chaleur et réconfort en compagnie de ces deux femmes, qui se ressemblent de plus en plus ; il leur lit des vers, assiste à des récréations musicales où Gertrude tient le piano. Le dimanche, c'est elle qui vient dans la famille du pasteur, visite dont Amélie ne saurait, semble-t-il, désormais se passer.

COMMENTAIRE

Vers le dénouement

Les quelques lignes datées du 8 mai apportent une nouvelle d'une importance fondamentale dans l'économie du roman : Gertrude est opérable. Du moins y a-t-il des chances pour qu'elle le soit, ce que nous n'apprendrons définitivement que le 19 mai, après deux longs passages, l'un du 10 mai consacré aux rapports difficiles du pasteur avec les siens, opposés à l'agrément de ses visites à La Grange ; l'autre, du 18 mai, qui relate l'ultime dialogue amoureux de Gertrude et du pasteur. Il y a donc ici un élément de **suspense** qui entretient l'intérêt et l'émotion du lecteur, et souligne aussi le désir du pasteur de maintenir la jeune fille le plus longtemps possible dans l'ignorance du monde : n'est-elle pas plus heureuse ainsi ? Comme s'il craignait les conséquences de son retour à la vue...

La soumission et l'amour

Tel est le thème du désaccord installé entre père et fils, et de l'évolution du caractère de Jacques. Celui-ci a intériorisé l'interdit paternel d'aimer Gertrude. Mais pour s'y tenir, il a dû échaffauder un système de contraintes qui, chez un futur pasteur, a pris une tournure religieuse. Le pasteur analyse d'ailleurs finement cette triste évolution dont il est l'auteur, mais il se rassure en constatant la distance qui s'est apparemment établie entre Gertrude et lui : conversations insignifiantes, voussoiement, absence visible d'émotion. Cependant, il n'est pas dupe : les ravages produits chez son fils par la contrainte qu'il s'impose dégénèrent en intolérance, comme si, victime d'un interdit paternel abusif, d'une castration symbolique, Jacques voulait imposer à tous ce régime de soumission ! Aussi n'ose-t-il pas l'attaquer de front dans la querelle inaugurée au chapitre précédent, mais préfère s'entretenir avec lui par écrit.

« Une discussion infinie... » (p. 113)

Il s'agit donc pour le pasteur de suggérer à son fils d'être **tolérant**. Dans ce but il utilise un passage de la magnifique Épître aux Romains, où saint Paul conseille : « Que celui qui ne mange pas ne juge pas celui qui mange, car Dieu a accueilli ce dernier » (Rom. XIV, 3[1]). Ce qui s'éclaire par les versets précédents : « Celui qui est faible dans la foi, accueillez-le sans discuter d'opinions. Tel croit pouvoir manger de tout, tandis que le faible ne mange que des légumes » (Rom. XIV, 1 et 2). Les « faibles », selon un commentateur[2], sont ceux « dont la foi est insuffisamment éclairée », en proie à des scrupules religieux et en particulier ceux qui mangent des aliments impurs, c'est-à-dire les « viandes immolées aux idoles », dans les sacrifices aux dieux païens. Il s'agit donc de faire preuve de charité à leur égard et de ne pas les juger.

La « suite » dont parle le pasteur n'intervient en fait qu'un peu plus tard dans l'Épître, après un développement sur l'égalité devant Dieu de « celui qui mange » et de « celui qui ne mange pas ». Voici le verset qui précède le verset cité (p. 112) : « Cessons donc de nous juger les uns les autres, mais

---

1. Et non pas XIV, 2, comme Gide l'indique par erreur.
2. Bible Osty, p. 2390.

jugez plutôt qu'il ne faut mettre devant son frère rien qui le fasse achopper ou trébucher » (Rom. XIV, 13, 14). L'essentiel pour saint Paul est la foi qui sauve, c'est-à-dire la foi en Jésus-Christ mort pour sauver les hommes du péché. Le reste est secondaire au regard de l'amour et de la tolérance, ce qui est la conviction du pasteur comme celle de Gide lui-même à l'époque de *Numquid et tu...?*, qui a ici recopié textuellement son développement de 1916. On constate encore, malgré l'ironie dont fait preuve l'auteur vis-à-vis de son personnage, combien celui-ci est plus proche du pasteur que de Jacques en matière de théologie.

Une interprétation à plusieurs sens

Certes, l'impureté mentionnée ici concerne les aliments, mais ne peut-on « prêter double et triple sens » à l'Écriture, se demande le pasteur; et, craignant une réaction fâcheuse de Jacques, il a préféré omettre le verset 14 dans lequel celui-ci aurait pu interpréter la notion d'impureté, relativement à ses sentiments pour Gertrude... D'ailleurs il ne veut pas « ergoter », et cite de nouveau saint Paul : « Mais si, pour un aliment, ton frère est attristé, tu ne marches pas selon l'amour » (Rom. XIV, 15). Jusque-là, rien que d'orthodoxe ! Mais que penser de la suite des réflexions du pasteur – « C'est au défaut de l'amour que nous attaque le Malin. Seigneur, enlevez de mon cœur tout ce qui n'appartient pas à l'amour... » (p. 112) –, sinon qu'il voit clairement en lui-même, sans être capable d'accepter l'amour de son fils. Homme faible, qui lutte contre un sentiment très profane, ou monstre d'hypocrisie et d'égoïsme ? C'est au lecteur d'en décider. Un peu plus haut (p. 111), le pasteur s'interroge : « N'est-ce pas La Rochefoucauld qui disait que l'esprit est souvent la dupe du cœur ? » Cette citation, que le pasteur applique à son fils, ne s'applique-t-elle pas encore mieux à lui-même ? Cet effet « boomerang », qui fait tout le sujet du livre et le résume à la perfection, fonctionne ici sur le mode ironique, laissant au lecteur le plaisir d'être plus lucide encore que le personnage.

La réponse de Jacques

Au dos de la feuille où le pasteur a inscrit les versets adressés à Jacques, celui-ci griffonne ces simples mots qui forment la suite du verset 15 : « Ne cause point par ton aliment la perte de celui pour lequel Christ est mort » (Rom. XIV, 15). Nul doute qu'il cherche à avertir son père qu'il est en train de mettre son âme en péril : ne peut-on lire le mot « amour » à la place d'« aliment », et « Gertrude » pour l'expression « celui pour lequel Christ est mort » ? Le pasteur n'ajoute aucun commentaire à cette réponse de

Jacques et préfère clore la «discussion». C'est Gide, ici, qui nous éclaire dans *Numquid et tu...?*: «Et Paul continue, et ceci entre en moi comme un glaive: [citation du verset]. Quoi! pour un peu de plaisir, vais-je nier la mort et la miséricorde du Christ!» (p. 592-593)

Si le journal intime est ici plus explicite que le récit, c'est qu'il est difficile pour le pasteur de confesser, à ce point de l'histoire, le débat intérieur dans lequel il est engagé. Il souligne seulement, une fois de plus, le pieux mensonge dans lequel il maintient la jeune fille en lui enseignant que «le seul péché est ce qui attente au bonheur d'autrui, ou compromet notre propre bonheur» (p. 113). Il se croit ainsi «plus près du Christ». Mais ne fait-il pas surtout preuve d'un art consommé d'accorder les textes sacrés avec ses passions?

Le don du bonheur

Le reste du chapitre (p. 113-121) oppose deux univers: la maison du pasteur, où celui-ci s'isole le plus possible d'une atmosphère familiale irrespirable, et celle de Mlle de la M... et de Gertrude, accueillante et chaleureuse.

C'est le mot **bonheur** qui permet la transition entre la discussion théologique précédente et l'évocation contrastée des personnalités féminines qui entourent le pasteur. Gertrude éprouve et répand le bonheur autour d'elle, Amélie s'y dérobe et propage la morosité, malgré les efforts de son mari pour l'y «inviter», l'y «pousser», l'y «contraindre» (on remarquera l'insistance du pasteur, soulignée par le rythme ternaire), et son désir de «soulever chacun jusqu'à Dieu» (p. 113-114). On comprend l'ironie d'Amélie devant cette **confusion renouvelée entre Dieu et Bonheur**: «Il ne m'a pas été donné d'être aveugle» (p. 114). Dans ce mot à double sens, le pasteur ne voit qu'une allusion blessante à Gertrude, alors qu'il peut s'agir également de son propre aveuglement devant ses sentiments. Cette ambiguïté du discours d'Amélie révèle sa finesse et sa lucidité.

Des portraits antithétiques

«L'irradiation de l'amour» qui émane de Gertrude, et les «rayons noirs» qu'émet l'âme d'Amélie, ces deux images de lumière, positive et négative, résument l'atmosphère respective des deux maisons que hante le pasteur, la sienne propre et celle de Louise de la M... Les détails évoqués forment un système cohérent d'oppositions, que l'on peut formuler dans le tableau ci-contre:

Ces deux mondes si contrastés sont malgré tout appelés à se côtoyer le dimanche, lors de réunions et de goûters apparemment idylliques.

Amélie	Gertrude
– est réfractaire au bonheur ;	– propage le bonheur, est d'une mansuétude infinie.
– se dérobe ; tout l'inquiète ; se fait sombre et morose.	**Louise de la M...** a une âme faite pour aimer ; son sourire est enfantin, ses gestes harmonieux, sa voix musicale, malgré son grand âge.
Le pasteur, harassé, trouve – en rentrant le soir : des récriminations, une atmosphère plus froide que le vent et la pluie.	**Le pasteur**, harassé, trouve – en prenant le thé : le repos, le réconfort, une chaude atmosphère.
Amélie – cultive les soucis de la vie ; – se dispute avec Rosalie ; – crie sans cesse après ses enfants ; – dorlote trop le dernier.	**Mlle de la M...** – jouit d'une fortune et de loisirs mérités ; – a trois servantes dévouées ; – élève trois petites aveugles, qui font des progrès étonnants.
Sarah – *ressemble à sa mère*, ses traits sont mornes, sans flamme intérieure.	**Gertrude** – *imite* Mlle Louise, dans les manières, la voix, la pensée, l'être.
Toutes deux ont en commun : – des préoccupations vulgaires ; – Sarah n'aime ni la poésie, ni la lecture.	**Toutes deux ont en commun :** – la tendresse des âmes limpides ; – le pasteur leur lit Lamartine et Hugo.
Le pasteur – est encore plus *isolé* avec elles que dans son bureau.	**Le pasteur** – *communie* avec elles, retrouve sur leur visage le reflet de ses lectures.

Ce tableau évite l'excès de symétrie dans la distribution des détails. Le style du pasteur, tantôt grincheux, tantôt lyrique, abonde en procédés : exclamations, rythme ternaire, images de feu, de chaleur, de lumière. Sa subjectivité s'exprime à plein, avec une certaine partialité non dénuée d'amertume : Amélie est en effet comparée à trois images, non seulement à celles de Gertrude et de Louise, mais encore à la sienne propre, au temps de sa jeunesse et de celui où le pasteur l'aimait. Sa situation matérielle, face à l'aisance de Louise, est passée sous silence. On comprend, d'une certaine façon, son accablement.

18 MAI (p. 122 à 128)

RÉSUMÉ

Le retour des beaux jours a permis au pasteur de reprendre ses promenades avec Gertrude. Il se plaît à cueillir des joncs en fleur, qu'il tresse avec ses cheveux. La jeune fille engage la conversation par des questions embarrassantes au pasteur : pense-t-il que Jacques l'aime encore, et celui-ci connaît-il les sentiments du pasteur pour elle ? Ayant évité depuis l'été précédent (cf. 12 mars, p. 89) de prononcer « le moindre mot d'amour » en la présence de Gertrude, le pasteur est comme frappé au cœur, et répond de biais : « Tout le monde sait que je t'aime. » Gertrude constate qu'Amélie le sait, et qu'elle en est attristée. Puis elle s'impatiente de l'ignorance dans laquelle le pasteur la laisse, se met à soupçonner la laideur du monde et l'existence du mal auquel elle ne veut pas « ajouter ». Enfin elle s'inquiète de savoir si l'enfant d'une aveugle est aveugle aussi. Le pasteur la rassure, mais invoque la nécessité du mariage pour avoir des enfants. Gertrude n'est pas dupe. Peu à peu, la conversation glisse de l'amour-charité vers l'amour-passion, et son caractère illicite. Mais Gertrude renonce à se sentir coupable. La promenade s'achève dans un climat de mutuelle exaltation.

COMMENTAIRE

Les chemins de l'amour

La brièveté du chapitre en souligne l'intensité. Tout favorise l'éclosion de l'aveu de Gertrude, et par conséquent de celui du pasteur. La saison nouvelle, la fonte des dernières neiges, qui barraient symboliquement les routes, la solitude enfin : le pasteur souligne à plusieurs reprises qu'il n'a pu voir Gertrude seule depuis l'été précédent.

Le dialogue ressemble à ceux de Marivaux. De jeux sur les mots en approximations, les amants arrivent peu à peu, difficilement, à la transparence de l'aveu. C'est Gertrude qui entreprend la première le dialogue, moins embarrassée que le pasteur par des considérations morales, et inconsciemment cruelle et coquette. Sa question sur Jacques est une invitation indirecte à une déclaration, qu'élude soigneusement le pasteur. La question trop directe « M'aimez-vous ? » est adoucie par deux verbes intermédiaires: « Croyez-vous qu'il sache que vous m'aimez ? », formule qui met en cause à la fois les sentiments du père et du fils et leur possible rivalité. Le pasteur, très ému, se dérobe encore en reprenant le verbe « savoir », et en jouant sur le double sens du verbe « aimer » : du sens fort auquel se réfère Gertrude, le pasteur passe au sens affaibli et banal du mot. Déçue, Gertrude reprend une deuxième fois le verbe « savoir », pour l'appliquer cette fois à Amélie : « Ma tante Amélie *sait* cela ; et moi, *je sais* que cela la rend *triste* » (p. 124). Le pasteur rebondit enfin sur le dernier mot : « Elle serait *triste* sans cela. » Ainsi, comme chez l'auteur des *Fausses Confidences*, le dialogue progresse par reprises de mots, en particulier les verbes « croire » et « savoir », qui tournent autour de la vérité sans la dire.

Le bonheur dans l'ignorance

À partir de la remarque sur Amélie, la conversation prend un autre tour : si Gertrude a découvert, seule, la tristesse de la pastoresse, c'est qu'elle a pris conscience de la présence du mal sur la terre. Elle va donc reprocher au pasteur, dans une série de répliques plus longues que précédemment, l'ignorance dans laquelle il l'a laissée, pour préserver son bonheur. C'est là l'aboutissement de l'éducation de Gertrude, passée du sommeil du corps et de l'esprit à la joie d'exister dans un environnement bienveillant et plein d'amour, puis à l'angoisse existentielle avec laquelle naît la culpabilité. Le pasteur a beau généraliser l'idée de la laideur et du mal (« l'homme a souvent enlaidi la terre »), Gertrude ramène le propos à elle-même. Le pasteur renonce à répondre pour ne pas sceller leur sort par une parole imprudente. L'éventualité du retour à la vue de Gertrude achève de le troubler.

L'aveu final

Après un silence, la conversation s'oriente vers une nouvelle préoccupation chez la jeune fille, le désir d'avoir un enfant, qui se heurte chez elle à un souci biologique, la peur d'une cécité héréditaire, et, chez le pasteur, à un obstacle moral et religieux, la nécessité du mariage. S'engage alors une dialectique* entre loi divine et loi humaine, loi de l'amour et loi de la charité. Gertrude mène le jeu, poussant le pasteur dans ses retranchements et jouant cette fois sur les deux sens du mot « charité » (amour de Dieu, simple pitié) : si le pasteur ne l'aime pas par charité, c'est que leur amour « échappe aux lois de Dieu ». Le pasteur, à bout d'argument et fuyant son propre aveu, reprend : « Tu penses que ton amour est coupable ? » (p. 128). Gertrude rectifie : « Notre amour... » Mais, refusant toute culpabilité, elle avoue son amour. Le dialogue prend fin.

Une subtile mise en scène

Ce dialogue sinueux, délicat et émouvant, est rendu avec beaucoup d'habileté par le narrateur-acteur. Chaque réplique, ou presque, est coupée par la description des sentiments qui la commandent : étonnement du pasteur de se retrouver seul avec sa pupille, cœur qui, en battant trop fort, ralentit la marche, ton de voix mal assuré ; impatience de Gertrude, voix qui faiblit ; méditation silencieuse au rythme de la marche, exaltation finale que souligne une sorte de syncope dans le texte : « Mon âme avait à ce point quitté mon corps – il me semblait que le moindre caillou sur la route nous eût fait tous deux rouler à terre » (p. 128). Le tiret remplace la conjonction de conséquence « que », comme si il y avait un blanc dans l'écriture, et une absence dans la conscience du pasteur.

DU 19 AU 28 MAI (p. 129 à 136)

RÉSUMÉ

- 19 mai (p. 129)

Gertrude est opérable. Le pasteur a « lâchement » demandé un délai, pour préparer la jeune fille à cette idée, et pour s'y préparer lui-même.

- Nuit du 19 mai (p. 130)

À *La Grange*, déserte, le pasteur est monté jusqu'à la chambre de Gertrude ; il l'a pressée contre lui, leurs lèvres se sont rencontrées...

- 21 mai (p. 131 et 132)

Chant d'action de grâces. Dans une nuit tiède illuminée par la lune, le pasteur se perd dans l'extase de son amour, qu'il espère saint aux yeux de Dieu. Il s'en remet à Lui.

Gertrude est entrée le 20 mai en clinique à Lausanne, pour vingt jours. Le pasteur lui a promis de ne pas chercher à la voir avant sa sortie. Il attend anxieusement.

- 22 mai (p. 133)

L'opération a réussi.

- 24 mai (p. 134)

Le pasteur s'interroge : Gertrude va-t-elle le reconnaître ? Or, il a besoin de son amour pour aimer le Seigneur...

- 27 mai (p. 135)

Le pasteur tue le temps en travaillant. Gertrude doit revenir le lendemain. Amélie, affable, se prépare à fêter son retour avec les enfants.

- 28 mai (p. 136)

Les enfants sont allés cueillir des fleurs et Rosalie a confectionné un gâteau. Le pasteur guette la voiture du docteur Martins. La voici !

COMMENTAIRE

Le rythme du journal

Le rapprochement de ces courtes pages du journal permet d'en saisir l'accélération. Tenu quasi quotidiennement, chaque date n'occupant guère qu'une douzaine de lignes en moyenne, parfois plus (une page et demie pour le 21 mai), parfois moins (deux lignes à peine pour le 22 mai), composé de **passages brefs** qui traduisent soit une **attente anxieuse**, soit une **effusion lyrique**, il forme ici une **séquence autonome**, centrée sur l'opération de Gertrude. Il y a là un mini-drame en soi, une péripétie qui achemine le récit vers son dénouement. La passion du pasteur et de la jeune fille y trouve aussi son accomplissement, favorisé par l'absence providentielle de Mlle de la M... à *La Grange*. Seul le début de la scène est esquissé, pudiquement. Mais **ce rythme précipité** n'est pas sans inconvénient sur le plan de la vraisemblance, car il traduit la hâte habituelle de Gide à finir ses récits, son désir de passer à l'œuvre suivante.

Un problème de chronologie, résolu en anglais

On aura remarqué à la date du 21 mai (p. 132) que Gertrude est entrée en clinique la veille, pour vingt jours. Or son retour a lieu dès le 28 au matin, au lieu du 9 juin. La réduction de ces trois semaines à une semaine est un détail qui semble avoir échappé à l'auteur. C'est Dorothy Bussy, la vieille amie et traductrice de Gide en anglais, qui lui fit remarquer, et, en 1931, dans la version anglaise du roman, modifia toutes les dates de cette fin d'ouvrage :

Texte français		*Texte anglais*
27 mai	Veille du retour de Gertrude	→ 8 juin
28 mai	Retour et suicide	→ 9 juin
29 mai	Dernière entrevue	→ 10 juin
30 mai	Épilogue	→ 11 juin

La nuit du 19 mai

Ce n'est sans doute pas un hasard si Gide a placé dans la « Nuit du 19 mai » l'évocation de la pudique étreinte de Gertrude et du pasteur, et de la joie infinie de ce dernier. Cette date fait en effet écho à un événement majeur dans la vie de Gide, auquel il fait allusion dans son *Journal* à la date du 19 mai 1918 : « Pentecôte. Je pars demain pour Paris. La campagne est d'une accablante splendeur. Revu M. deux jours à Limoges, d'où je reviens tout gonflé de bonheur. Je l'attends. » M. est le jeune Marc Allégret, fils du pasteur Élie Allégret, ami de sa famille, dont il avait entrepris de faire l'éducation intellectuelle et morale, et qui lui inspira, malgré leur différence d'âge, une très vive passion. Cette relation, ici transposée dans l'histoire du pasteur et de Gertrude, se retrouvera plus directement évoquée dans le roman suivant de Gide, *Les Faux-Monnayeurs* (1925), avec les personnages de l'oncle Édouard et d'Olivier.

Angoisse et extase

Le pasteur parle tour à tour de son « angoisse inexprimable » (le 19) à l'idée que Gertrude recouvre la vue, et de l'« appréhension extrême » qu'il ressent en attendant son retour (le 21). Il interroge « anxieusement » les miroirs (le 24), à l'idée qu'elle ne le reconnaisse pas, trompe son « impatience » par un surcroît de travail (le 27), écrit pour « user cette attente » (le 28). Ces pages, où l'écart chronologique entre le journal et les faits relatés a disparu, ne résonnent plus que de l'écho d'une **angoisse fébrile** devant la vérité enfin révélée. Mais on retrouve la même **intensité** dans la **peinture de la joie**, qui ne se manifeste pas immédiatement ; le 19 mai le pasteur écrit : « Mon cœur devrait bondir de joie, mais je le sens peser en moi. » Par contre, l'étreinte amoureuse de la nuit du 19, évoquée d'abord en phrases brûlantes et harmonieuses, débouche sur un blanc, une ellipse, marquée par des points de suspension : « nos lèvres se sont rencontrées... » (p. 130). L'essentiel échappe à l'écriture. Ce n'est que deux jours après, à la date du 21, que le pasteur se laisse aller à une **effusion mystique et sensuelle** à la fois, où l'amour de Dieu se confond avec celui de ses créatures. Les éléments descriptifs se mêlent aux éléments affectifs, le pasteur se « fond » dans la nature entière, « dans une extase sans paroles ». Interrogations, interjections, rythme des phrases et sonorités donnent à cette oraison une allure hautement poétique.

Le péché et la grâce

Cependant, l'inévitable et douloureux problème moral refait surface. Le pasteur a beau se dire que seuls les hommes limitent l'amour et souhaiter que le sien soit saint aux yeux de Dieu, il n'en doute pas moins : « Je tâche à m'élever au-dessus de l'idée de péché » (p. 131). Doute qui fait éclater le dilemme de sa vie : le péché lui est insupportable, or il ne veut ni abandonner le Christ ni ne peut arracher de son cœur son amour pour Gertrude. D'où cette justification : Gertrude a besoin de son amour. Le morceau s'achève en un véritable appel au secours au Seigneur, qui préfigure le dénouement : le pasteur ne sait plus comment agir et, s'enfonçant « dans les ténèbres », il lui semble qu'il **perd la vue**, alors même que **Gertrude la recouvre**. Cet échange symbolique essentiel révèle l'obsession de l'aveuglement physique et moral, du narcissisme aussi ; le pasteur interroge en effet son image à travers les miroirs : non seulement il ne se reconnaît plus lui-même, mais encore il doute que Gertrude le reconnaisse, ne lui ayant peut-être pas donné une image réelle de sa personne.

28 AU SOIR (p. 137 à 140)

RÉSUMÉ

Le pasteur plonge dans la nuit : Gertrude se meurt. Il tente, malgré la confusion de son esprit, de reconstituer les événements.

Gertrude serait sortie seule de *La Grange*, le jardinier de Mlle de la M... l'a ramenée sans connaissance : il l'a vue marcher le long de la rivière, se pencher sur le pont, et disparaître dans l'eau de la rivière. Il l'a repêchée à l'écluse.

Le docteur Martins craint une congestion pulmonaire. Selon Mlle de la M..., Gertrude aurait voulu cueillir des myosotis le long de la rivière et aurait perdu pied par maladresse. Le pasteur hésite entre la thèse de l'accident et celle du suicide : Gertrude a-t-elle voulu mettre fin à ses jours, pour avoir découvert ce que sa cécité lui cachait depuis lors ? Mais quel est ce secret ?

COMMENTAIRE

« Scène au bord du ruisseau »

On se souvient (p. 56, Premier cahier, 29 février) de l'impression profonde produite sur Gertrude par le deuxième mouvement de la *Symphonie pastorale* de Beethoven, intitulé « Scène au bord du ruisseau », qui lui semblait peindre le monde idéal d'avant le péché. Plus généralement, tout le roman est mis **sous le signe de l'eau**, l'eau qui lave, qui s'échappe du petit lac mystérieux, qui se fige en neige, qui frémit dans la piscine de Béthesda pour guérir les malades. Or ici, l'eau incarne la mort et le malheur, en témoignent l'eau glacée de la rivière et les larmes qui semblent ruisseler de ses yeux quand Gertrude sourit (p. 139). La scène idyllique de la musique de Beethoven se transforme ici en vision de cauchemar au moment où Gertrude recouvre la vue.

Gertrude et Ophélie

La « mort » symbolique de Gertrude, cherchant à cueillir des myosotis au bord de l'eau, et disparaissant dans le courant, rappelle bien évidemment celle de la malheureuse Ophélie de l'*Hamlet* de Shakespeare, que Gide avait minutieusement traduit de l'anglais. C'est en accrochant de champêtres et dérisoires couronnes de fleurs à une branche de saule qu'Ophélie tombe en chantant dans la rivière, flottant un moment à la surface de l'eau, soutenue par ses vêtements, avant d'être entraînée vers le fond. Le motif de sa mort diffère de celui de Gertrude : la **folie** d'Ophélie abandonnée par Hamlet, renonçant à la couronne et à la vie, s'oppose au **désespoir** de Gertrude, qui, en cueillant des myosotis, lance un appel au secours symbolique (le myosotis est aussi appelé « herbe d'amour », « ne m'oubliez pas », en anglais *forget-me-not*).

Mais toutes deux, en s'abandonnant à l'eau courante, retrouvent leur élément fondamental, l'eau, l'élément bienfaisant qui purifie du mal, du péché, de la folie, et aussi le séjour inquiétant des sirènes et des ondines, qui entraînent les preux chevaliers dans la mort[1]. Or Gertrude (au nom germanique) n'est-elle pas aussi la figure de la perdition ?

Un récit entrecoupé

Les commentateurs ont été frappés par le caractère inopiné de cet épisode. Rien ne le prépare, sinon le climat d'angoisse des pages qui précèdent. D'où, sur le plan formel, l'aspect haletant du début, constitué de courts paragraphes truffés d'exclamations, de questions qui se bousculent, d'appels au Seigneur en style jaculatoire [2], de points de suspension. Puis ce trouble s'apaise. Le pasteur rapporte les témoignages d'Amélie et de Sarah, puis du jardinier et du docteur, enfin de Louise, qui préfère écar-

---

1. Qu'on pense aux sirènes de l'*Odyssée*, aux ondines de la légende germanique.
2. Oraison jaculatoire : prière courte et fervente.

ter l'hypothèse du suicide. Mais son trouble reparaît dans la chronologie : le pasteur ne mentionne qu'après coup et comme par hasard le repas « si gai pourtant » qui avait précédé le retour à *La Grange*. L'essentiel est dans le sourire mystérieux de la jeune fille, contraint et proche des larmes, qui ne quitte pas son visage et cache son secret.

Le secret de Gertrude

Les deux derniers paragraphes se répondent : interrogation anxieuse du pasteur et appel à Dieu sur le terrible secret de ce suicide d'une part, contemplation du jeune corps endormi, d'autre part. Le narrateur multiplie les questions sans réponse, au Seigneur d'abord, puis à Gertrude elle-même, qu'il appelle « Mon amie », sur ce qu'elle aurait *su* de si terrible, en soulignant ce participe. Mais que recèle ce savoir ? Le verbe est volontairement laissé sans contenu. Gertrude est comme Ève après le péché : **la connaissance du monde tue en elle le sentiment de l'innocence.** Elle sort symboliquement du paradis terrestre, et ne supporte pas de découvrir le monde tel qu'il est. L'histoire de la Genèse se renouvelle ici, sans promesse de salut.

Quant aux dernières lignes (« ses paupières [...] recloses sur un indicible chagrin », les cheveux « pareils à des algues »), elles font penser au célèbre tableau du peintre préraphaélite anglais John Millais (1829-1896), Ophélie (1852), où l'on voit la jeune fille flottant sur l'eau, extatique, au milieu d'un paysage touffu de fleurs et de verdure.

29 MAI (p. 141 à 147)

RÉSUMÉ

Au matin, le pasteur s'est rendu à *La Grange*. Après une nuit plus calme, Gertrude lui demande d'aller lui cueillir un bouquet de myosotis. À son retour, elle dort ; il revient donc le soir à son chevet. Gertrude, fiévreuse et oppressée, lui avoue qu'elle a tenté de se suicider : elle a découvert qu'elle occupait la place d'une autre, en qui elle a perçu la tristesse en recouvrant la vue. Son crime est d'avoir laissé le pasteur l'aimer malgré tout. Puis elle se reprend et, dans une excitation croissante, confesse l'essentiel : ses yeux se sont ouverts sur un monde encore plus beau qu'elle ne le croyait, mais aussi sur le péché, dont le pasteur avait évité de lui parler, mais que Jacques lui a révélé dans un passage de saint Paul : « Pour moi, étant autrefois sans loi, je vivais ; mais quand le commandement vint, le péché reprit vie, et moi je mourus », passage qu'elle s'applique malheureusement à elle-même. Par ailleurs, elle avoue que c'est Jacques qu'elle aimait en croyant aimer le pasteur. Or elle ne peut l'épouser, car le jeune homme s'est converti* au catholicisme et a décidé d'entrer dans les ordres. Très agitée par ces révélations, Gertrude éloigne le pasteur de sa vue.

COMMENTAIRE

Une progression rigoureuse

Le récit fait à la date du 29 mai s'enchaîne à la manière d'une **dernière scène de tragédie**. En approchant du dénouement, la confession de l'héroïne commence dans **la grâce** et s'achève dans **l'horreur** :

– Gertrude, enfin sortie du coma, accueille aimablement le pasteur ; puis elle lui demande un dernier hommage, aller cueillir les myosotis qu'elle n'a pu cueillir elle-même.

– Le soir, le pasteur retrouve Gertrude qui a tressé ses cheveux avec les myosotis. Elle prend sa main et confesse son acte.

– Le pasteur réagit violemment, tombe à genoux, sanglote, cache son visage dans les draps, tandis que Gertrude lui caresse le front.

L'explication du suicide par la tristesse d'Amélie déclenche en elle une « angoisse nouvelle » ; Gertrude retire sa main de celle du pasteur.

– La scène prend un autre aspect : Gertrude s'agite, la sueur mouille son front ; elle ferme les yeux, se concentre, puis, d'une voix de plus en plus animée, fait part au pasteur de sa découverte du péché. Impérieuse, elle lui demande de l'écouter, avant de « crier presque » la citation de saint Paul ; le pasteur, gêné, frissonne de terreur.

– Nouvelle confession, celle de son amour pour Jacques et de l'impossibilité de s'unir à lui. Ses yeux sont fixes, elle est secouée de sanglots et étouffe ; elle renvoie le pasteur, convaincu d'aggraver son état par sa seule présence.

La dernière entrevue entre le pasteur et Gertrude s'étale donc sur une journée, dans un climat apaisé le matin, de plus en plus angoissé le soir ; l'intensité de la confession suit une courbe ascendante, jusqu'à la citation de saint Paul, puis descendante ; le pathétique en est extrême : le narrateur note les sentiments violents et leurs manifestations physiques (larmes, sanglots, frissons de fièvre ou d'horreur); le ton des voix s'intensifie, du murmure au cri. Tous ces éléments dramatiques renvoient à un thème romanesque bien connu, celui de « la mort de l'héroïne », dont les exemples sont légion : mort de Phèdre, de Manon Lescaut, d'Emma Bovary, etc.

Le suicide de Gertrude

À la question du pasteur à la fin du chapitre précédent (Gertrude a voulu se suicider pour avoir « su quoi ? »), le chapitre du 29 mai apporte la réponse, avec une terrible ironie. À la date du 3 mai, on s'en souvient, le pasteur citait cette parole du Christ (p. 106), qui se dressait « lumineusement » devant lui : « Si vous étiez aveugles, vous n'auriez point de péché. » (Jean, IX, 41). Cette fois, c'est Gertrude qui la reprend, en y ajoutant : « Mais à présent, j'y vois. » Elle voit la tristesse d'Amélie et des hommes en général, l'existence de leur péché commun, et elle comprend la confusion entre Éros et Agapé ; elle a enfin, grâce à Jacques, la révélation du péché en soi, lié à la Loi selon saint Paul, qu'elle prend tragiquement au pied de la lettre (Rom. VII, 9.)

D'après les commentateurs, saint Paul ferait non seulement allusion à **Adam**, heureux avant la révélation de la Loi, malheureux et « mort » une fois le précepte enseigné et violé, mais encore à **lui-même**, confessant ainsi ses tourments et ses combats au moment d'adopter la Loi de Dieu.

Gertrude semble faire preuve d'un **puritanisme** exacerbé, ne voyant que damnation et mort spirituelle dans l'aboutissement de sa conduite, sans qu'aucun sentiment de grâce, de pardon ou de salut ait pu retenir son geste. Gide a-t-il ainsi voulu condamner une certaine sévérité protestante ?

Le « désert de l'amour »[1]

Pendant longtemps, Gertrude ne voit le monde qu'à travers le regard du pasteur. C'est quand elle recouvre la vue qu'elle réalise alors son « aveuglement ». Gertrude comprend qu'elle s'est trompée d'amour, et, pire, qu'elle ne peut aimer Jacques, réfugié dans le giron de l'Église. Comme Alissa dans *La Porte étroite*, elle est confrontée au désert de l'amour. Tel Pygmalion, son père spirituel a voulu la former à son image, image dans laquelle elle ne peut trouver son identité. Ce qui la rapproche d'Œdipe qui, quand il ouvre symboliquement les yeux sur le parricide et l'inceste, se les

---
1. Titre d'un roman de Mauriac (1925).

crève aussitôt, comme s'il ne pouvait supporter la vision de l'intimité maternelle. Ouvrant les yeux sur le visage d'un père et non plus d'un amant, et prenant conscience qu'elle tue une rivale sans le vouloir, Gertrude se noie pour échapper à ce terrible spectacle.

La castration de Jacques

Tout au long du roman, Jacques apparaît comme le grand rival de son père, que celui-ci a réussi à écarter de Gertrude. En acceptant de renoncer à la jeune fille, Jacques prend le parti de la soumission dont il puise l'inspiration dans la religion.

La fin du récit achève cet itinéraire : Jacques quitte le protestantisme libéral pour se consacrer à l'Église catholique, sous sa forme la plus rigoureuse, celle de la vie monastique. Il renonce par là même à l'amour humain et au mariage. L'identification au père, par la sublimation de l'interdit paternel en **castration mystique**, trouve donc son accomplissement, mais au prix de la rupture familiale et de l'absence de pardon.

30 MAI (p. 148 et 149)

RÉSUMÉ

Gertrude est morte « ce matin », après une nuit de délire. À sa demande Jacques est arrivé, mais trop tard. Il reproche « cruellement » à son père de ne pas avoir appelé un prêtre, mais le pasteur ignorait son abjuration*. Jacques lui annonce en même temps sa propre conversion. Ainsi Gertrude et lui sont-ils unis en Dieu. Jacques quitte son père. Le pasteur demande alors à Amélie de prier pour lui, et, tandis qu'elle récite le « Notre Père », il sent son cœur « plus aride que le désert ».

COMMENTAIRE

Un épilogue d'une extrême brièveté

La mort de Gertrude marque la fin du récit. Le lecteur assiste à une sorte de compte rendu de l'essentiel des derniers événements : mort agitée de Gertrude, arrivée de Jacques, scène pénible entre le père et le fils, union des époux dans la prière. Les détails matériels sont écartés. Seules comptent les répercussions des événements dans les âmes.

Le désert, dernier mot

Ce qui frappe dans cette fin, c'est l'impression de **séparation inexorable entre les êtres**. La veille, Gertrude a chassé le pasteur avec des paroles extrêmement dures : « Quittez-moi. Quittons-nous. Je ne supporte plus de vous voir » (p. 147). Elle meurt sans qu'il l'ait revue apaisée et consolée, comme mourrait une âme damnée. On comprend, d'un point de vue catholique, le reproche de Jacques adressé à son père de ne pas avoir appelé un prêtre, qui eût permis à la jeune fille de se réconcilier avec elle-même et avec Dieu. Une autre séparation entre en jeu, celle de **la conversion***, symbole de l'échec du pasteur qui n'a pas su garder ses brebis et a vécu dans « l'erreur », comme le lui dit Jacques. Seule note réconfortante dans ce triste constat, le « Notre Père* » récité par les deux époux réconciliés. Amélie apparaît finalement comme la seule vraie chrétienne de l'histoire, celle qui aide et sait pardonner sans le secours des mots. Les larmes versées au chevet de Gertrude contrastent avec le dernier mot du récit, le **désert**. Le premier était la **neige**. Tout le roman est tendu entre ces deux thèmes, depuis l'eau bienfaisante, d'abord cristallisée, puis fondue, jusqu'à la sécheresse, la solitude et enfin le silence. Mais les deux derniers paragraphes suggèrent qu'il reste peut-être une note d'espoir, dans la foi et le mariage, bien que l'auteur semble condamner son triste héros avec une certaine sévérité.

Synthèse littéraire

UNE RÉDACTION RAPIDE ET CHAOTIQUE...

Le 20 février 1918, Gide écrit dans son journal : « Depuis quatre jours je suis plongé dans ce récit de *L'Aveugle*, qui m'habite depuis tant d'années et que je désespérais d'écrire. » Et le 19 novembre, il écrit à une amie : « Ma *Symphonie pastorale* (*La Jeune Aveugle*) est achevée depuis hier. Je pense donner cela à *La Revue des Deux Mondes*, si elle en veut. » Finalement l'œuvre, pour ne pas déplaire aux lecteurs protestants de la revue, parut en octobre et novembre 1919 à la N.R.F.

Entre ces deux dates, la rédaction fut d'abord aisée, puis laborieuse. Dès le 28 février il lit quarante-trois pages du manuscrit à Madeleine, mais en mai il note avoir écrit avec difficulté la première partie de l'œuvre. Il pense avoir fini « vers la fin de l'été », car il en est au dernier tiers. Le 8 juin il trouve le titre. Mais, à ce moment, sa vie bifurque. Il part pour Limoges, revient à Paris, et, le 18 juin, quitte la France pour l'Angleterre, « dans un état d'angoisse inexprimable », en compagnie du jeune Marc Allégret (le futur cinéaste), alors âgé de dix-sept ans, après un tragique adieu à Madeleine, son épouse.

Le 12 octobre, de retour à Cuverville dans sa maison de Normandie, il revoit son manuscrit, mais avoue dans son journal son impatience, son « incapacité à [s]'intéresser de nouveau à l'état d'esprit de [son] pasteur ». Il relit l'Évangile, Pascal, rédige un brouillon. À cours d'inspiration, il note, le 19 : « Je suis quelque peu inquiet de me voir si vite à l'extrémité de ma *Symphonie pastorale* ; je veux dire que je vais avoir épuisé mon sujet, tandis que les proportions et l'équilibre du livre comporteraient un développement plus étendu. » On a vu dans le Commentaire (p. 59) combien les dernières pages dénotent une certaine hâte d'en finir.

...MAIS UN TRÈS ANCIEN PROJET

« Il n'est, je crois, pas un de mes livres dont je portai le sujet plus longtemps en tête (Paul-Albert Laurens se souvient que je lui en parlai au cours de notre voyage à Biskra, en 1893)[1] ». Ce sujet, c'était d'abord l'**opposition intérieure entre l'austère formation calviniste de l'enfance de Gide, et la révélation de la sensualité et du bonheur** apportée par le voyage en Afrique du Nord, expérience que l'on retrouve dans Les Nourritures terrestres (1897) et L'Immoraliste (1901). Gide n'y avait pas renié sa foi, mais découvert un Évangile délivré de l'obsession de la Loi et du péché. La lecture d'écrivains scandinaves comme Ibsen (1828-1906) et Strindberg (1849-1912), qui mettaient en scène des êtres écrasés par une éducation puritaine, le conformisme et le mensonge, allait dans le même sens. L'écrivain voulait montrer comment un Évangile « purifié » pouvait apporter le bonheur à une âme simple, aveugle à tout ce qui n'est pas naturel. Quant à l'anecdote, il la trouva dans une lecture du Grillon du foyer de Dickens (1812-1870), qu'il évoque ainsi dans son roman : « C'est l'histoire un peu longue, mais pathétique par instants, d'une jeune aveugle que son père, pauvre fabricant de jouets, entretient dans l'illusion du confort, de la richesse et du bonheur » (p. 38).

ÉDUCATION ET CÉCITÉ

La passion de Gide pour la pédagogie explique en grande partie le choix du sujet de La Symphonie pastorale. Or, quoi de plus purement pédagogique que la formation d'une aveugle-née ? Comme Dickens, Gide trouva le modèle de son héroïne dans l'histoire de Laura Bridgeman, la jeune aveugle que le romancier anglais avait rencontrée à Boston en 1842 dans un institut spécialisé, et dont il parle longuement dans son roman. Il s'inspira également du cas d'Helen Keller, dont les mémoires, publiés en 1919 sous le titre Mon univers : le monde d'une sourde-muette aveugle, eurent un succès considérable, et de celui de Pierre Villey, un spécialiste de Montaigne, atteint lui aussi de cécité. Les années 1900 furent d'ailleurs fertiles en œuvres traitant des thèmes de la cécité et de l'aveuglement, dans le sillage des « Aveugles » de Baudelaire. D'un point de vue philoso-

---

1. Projet de préface pour La Symphonie pastorale.

phique, Gide évoque Condillac et sa « statue animée » (voir p. 24) ; sans doute avait-il lu également la Lettre sur les aveugles à l'usage de ceux qui voient de Diderot (1749), qui, à partir de la première opération de la cataracte subie par un Anglais, en déduisait une métaphysique et une morale matérialistes, dépendant de nos sensations, et donc différentes chez les aveugles.

UN CADRE AUSTÈRE

Le séjour que Gide, dans sa jeunesse, fit d'octobre à décembre 1894 à La Brévine, au retour de son voyage en Afrique du Nord, pour y soigner des troubles nerveux, fournit le cadre du récit. Dans cette station glaciale du Canton de Neuchâtel, Gide s'ennuya beaucoup, mais travailla entre autres à *Paludes*, *La Porte étroite*, *Les Nourritures terrestres*, tout en pensant au malheureux séjour de Rousseau à Motiers-Travers en 1762. On retrouve dans le roman l'atmosphère de claustration forcée, due à la neige, au froid, à l'altitude (1 100 mètres) de la petite ville, ainsi que le « petit lac mystérieux » (le lac des Taillères), la forêt, la vue sur les « Grandes Alpes », la proximité de Neuchâtel et de La Chaux-de-Fonds.

L'ÉVEIL DE GERTRUDE

La première éducation de la jeune fille s'avère décevante. Le pasteur, qui s'en fait « tout un roman » (p. 31), sombre dans le découragement, quand le docteur Martins, dans un rôle indispensable d'adjuvant, fait connaître au pasteur la méthode qui servit à Laura Bridgeman, liant sensation et langage. Dès lors, les progrès sont rapides, concrétisés par le « premier sourire » de la jeune fille ; promenades, lectures, musique, conversations en font bientôt une jeune adulte. Tout cela est-il vraisemblable ? On fit à ce sujet **deux reproches** à Gide : le premier était d'avoir négligé les détails de cette éducation, de ne pas en avoir assez fait sentir la **durée** – l'auteur a surtout retenu des épisodes poétiques, comme ceux de l'audition colorée, à partir de la *Sixième Symphonie* de Beethoven ; le second, plus grave, était **l'impossibilité même d'une telle éducation**. L'exemple des enfants sauvages, ou des enfants isolés de tout contact humain, montre la difficulté de rattraper des stades de développement mental négligés : « Il y a un âge de la parole et un âge de la marche, comme il y a un âge de la lecture, de l'algèbre ou du latin[1] ». Mais il faut remarquer que Gertrude a entendu sa vieille tante lui parler, qu'elle est sensible au chant des oiseaux. D'ailleurs, l'essentiel se trouve dans la découverte du bonheur de l'aveugle, non distrait par la vue du monde extérieur, protégeant ainsi son innocence.

« LA SYMPHONIE PASTORALE »

La polysémie du titre nous guide vers l'interprétation de l'œuvre. Il s'agit d'abord, bien sûr, de la symphonie de Beethoven, dont l'audition donne à l'aveugle les clés du monde, non tel qu'il est, mais « tel qu'il aurait pu être, qu'il pourrait être sans le mal et sans le péché » (p. 56). C'est aussi la « symphonie du pasteur », et le titre se charge alors d'ironie, tant son univers immédiat est cacophonique ! Mais c'est justement parce que le monde n'est pas une symphonie, un « accord de voix », que l'histoire de Gertrude et du pasteur est un échec. Gertrude elle-même s'inquiète de savoir si elle « ne détonne pas trop dans la symphonie » (p. 59). Certes, par « sympathie [2] » elle perçoit les sentiments de ceux qui l'entourent, et s'ouvre à l'amitié et à l'amour. Mais elle introduit la division entre le père et le fils, entre le mari et la femme. Elle se trompe sur ses propres sentiments. Quand elle découvre ces ravages, elle préfère disparaître.

ÉROS ET AGAPÉ

La cause de ce désastre est évidemment l'aveuglement du pasteur, son manque de lucidité. Le Premier cahier ne bruit que de l'amour qu'il porte aux créatures, à travers des citations de l'Évangile, le Deuxième cahier parle de la Loi d'amour, dont il débat avec Jacques. Les sentiments du pasteur sont confortés, innocentés, purifiés par l'Évangile.

Cette confusion entre Éros et Agapé est-elle volontaire ou inconsciente ? Pour certains critiques, le pasteur est un imposteur, ou au moins un « esprit faux », d'où l'opposition entre les deux cahiers, le premier dominé par l'identification à demi inconsciente entre l'Amour de Dieu et du prochain (Agapé), et l'amour charnel (Éros), le second se faisant l'écho des

---
1. Lucien Malson, *Les Enfants sauvages, Mythe et réalité*, coll. 10/18, 1970, p. 70.
2. Sentiment commun.

justifications que le pasteur se croit obligé d'apporter à ses sentiments à travers une nouvelle lecture de l'Évangile. Pour d'autres, il est possible d'innocenter en partie le pasteur, en considérant son attitude comme une « formation de compromis », qui puisse concilier l'inconciliable ; le recouvrement de la vue par Gertrude voit s'écrouler ce fragile édifice.

GIDE ET SON PERSONNAGE

Une autre interprétation, moins centrée sur une vision ironique, et même voltairienne, du récit, y verrait une illustration des débats intérieurs de l'auteur à l'époque de sa rédaction. L'un concerne sa vie affective, l'autre sa vie spirituelle.

Déjà, en 1915-16, Gide s'intéresse à l'éducation d'Élisabeth, la fille de sa vieille amie Mme Théo van Rysselberghe, dont il aura, six ans plus tard, une fille, Catherine. Mais surtout, l'année qui précède la rédaction de *La Symphonie pastorale* est, on l'a vu, celle de son attachement pour le jeune Marc Allégret, fils du pasteur Élie Allégret, ami de sa famille. Il n'est pas douteux que Gide, dans l'éducation de Gertrude, ait transposé l'apprentissage de la liberté, de l'individualité, de la beauté, qui devait assurer à l'adolescent un sentiment de nouvelle naissance.

Par ailleurs, on a vu également que l'opposition entre l'Évangile, message de bonheur, et les Épîtres de saint Paul, message de la Loi, faisait le fond des pages de journal écrites en 1916 et publiées plus tard sous le titre de *Numquid et tu... ?* Si la clôture du récit semble donner tort au pasteur pour ses choix, nul doute pourtant que ce sont ceux de Gide lui-même à l'époque des *Nourritures terrestres*.

UNE STRUCTURE APPAREMMENT CLASSIQUE

La première caractéristique de *La Symphonie pastorale* est la linéarité, la brièveté et la concentration du récit. Les unités de lieu (La Brévine), de temps (deux ans et neuf mois pour l'histoire, quelques semaines pour le récit), d'action (peu de personnages, deux pour l'essentiel), l'action elle-même « chargée de peu de matière[1] » et allant inéluctablement vers un

---

1. Racine, préface de *Britannicus*.

dénouement dramatique, rapprochent ce court récit de la tragédie classique. On a même pu découper l'œuvre en **cinq actes** : I, de l'accueil de Gertrude à sa première éducation ; II, du concert de Neuchâtel à la crise entre père et fils ; III, de la crise entre le pasteur et sa femme à l'éloignement de Gertrude ; IV, de l'amour réciproque à la lecture neuve de l'Évangile ; V, de l'opération de Gertrude à sa découverte du mal et à son suicide. Les trois premiers actes occuperaient le premier cahier, les deux derniers le second.

En fait, le parti pris de faire rédiger un journal par le pasteur, suggéré sans doute par celui du médecin qui avait soigné Laura Bridgeman, vient brouiller cette belle ordonnance. En dehors, en effet, des nombreux dialogues au style direct, **nous n'entendons qu'une voix**, nécessairement subjective, où se mêlent en permanence passé et présent, mémoire et compte rendu. Le pasteur se dédouble constamment en narrateur et en personnage, le premier en sachant davantage que le second, mais faisant semblant du contraire. Ce décalage est particulièrement sensible dans la scène où Amélie devine ses sentiments avant qu'il en prenne lui-même conscience, où encore dans le dialogue avec Jacques.

D'où toute une **rhétorique de la franchise**, de la vérité, de l'aveu, et l'appui constant, professionnel, pourrait-on dire, sur les textes sacrés.

UNE CHRONOLOGIE INCERTAINE

Deux chronologies se superposent dans le roman, celle du récit, celle de l'histoire. Fort éloignées dans le temps au début (deux ans et demi séparent, on le sait, la découverte de Gertrude de la première page du journal), les dates de l'une et de l'autre finissent à la fin par coïncider, à quelques heures près. **Le mémorialiste fait place peu à peu au diariste*.** Deux courbes semblent ainsi se rejoindre.

Dans le détail, la chronologie de l'œuvre est d'une grande complexité ; celle du **récit**, on l'a vu[1], présente des incohérences, les dates ne correspondant pas aux indications du texte (le pasteur parle le 27 février de son récit « commenc[é] hier »... le 10 !) ou étant en contradiction entre elles (date de Pâques indiquée impossible en 1892 ou 1896, seules années bissextiles de la décennie 90...). Gide oublie qu'il écrit au xxe siècle, alors que son pasteur rédige son journal au xixe (il situe l'histoire de Laura Bridgeman

---

1. Voir page 23.

« vers le milieu du siècle dernier »), etc. On remarque un fort contraste entre les deux cahiers, le premier étant écrit sur un rythme lent et irrégulier (peu de dates, passages longs), le second selon un rythme accéléré (dates nombreuses, passages parfois réduits à deux lignes). Cette accélération s'accorde avec le rythme de l'histoire, la lenteur des progrès de Gertrude dans la première partie, la hâte, pour le pasteur, de connaître l'issue de l'opération qu'elle subit, dans la seconde ; et aussi celle de l'auteur d'en finir avec son récit au plus vite.

Quant à la chronologie de l'histoire, elle s'étend sur une durée de deux ans, neuf mois, dix jours : elle commence deux ans et six mois avant la date du 10 février 189., soit le 10 août 189. moins 3, pour s'achever le 30 mai 189. À l'intérieur de ce cadre, elle est des plus floues, ponctuée seulement d'adverbes de temps ou d'indications temporelles du genre : « les dix premiers jours », « le lendemain », « trois semaines avant les vacances d'été », etc. Un critique a pu même estimer que Gide avait escamoté sans y penser dix mois de l'histoire...[1]

CLÔTURE ET AMBIGUÏTÉ

Alors que *Les Faux-Monnayeurs*, le dernier et seul véritable roman de Gide, est ouvert à l'infini (roman en train de se faire, renouvellement des personnages, utilisation de la vie telle qu'elle se présente), *La Symphonie pastorale* apparaît comme une œuvre close sur elle-même, brève, centrée sur un personnage unique, écrite à la première personne, dont l'action s'achève avec la mort de l'héroïne. L'ouverture de la première partie du journal, où l'écart passé-présent est à son maximum, fait place dans la seconde à une fermeture progressive. Mais derrière ce récit si simple en apparence se cache une grande incertitude : pour qui le pasteur écrit-il ? Est-ce pour y voir clair en lui, ou pour se justifier aux yeux d'Amélie et de Jacques ? Quelle est son opinion véritable sur sa femme, dont il souligne les mauvais côtés, tout en suggérant ses qualités ? Aime-t-il réellement son fils, et celui-ci est-il capable d'échapper à la castration paternelle ? Quant au pasteur dans ses relations avec Gertrude, est-ce un double de l'auteur, ou une incarnation du diable, tel qu'il va apparaître en filigrane dans *Les Faux-Monnayeurs* ? Autant de questions sans réponse, qui, il est vrai, font le charme de ce court roman.

---

1. Henri Maillet, *La Symphonie pastorale d'André Gide*, Hachette, 1975.

UN STYLE DE VIE ET D'ÉCRITURE

L'écriture du pasteur ne se sépare pas de sa personnalité. Un peu archaïque, provinciale même, comme il convient à un homme d'Église cultivé du siècle dernier, pénétré de l'Écriture, habitué à prêcher et à tout interpréter sous le signe de Dieu. Mais son aspect «lisse» dissimule une grande subtilité.

D'où une écriture très égale, une syntaxe et un vocabulaire raffinés, soucieux de nuances, au sens poétique aiguisé. Une certaine solennité s'y lit presque constamment; en particulier, les phrases, souvent longues, ordonnées, miment le déroulement même de la pensée, de l'action ou des sentiments, selon un rythme harmonieux: «Le soleil se couchait et nous marchions depuis longtemps dans l'ombre, lorsque enfin ma jeune guide m'indiqua du doigt, à flanc de coteau, une chaumière qu'on eût pu croire inhabitée, sans un mince filet de fumée qui s'en échappait, bleuissant dans l'ombre, puis blondissant dans l'or du ciel» (p. 13). Pour expliquer l'exiguïté de sa maison et les difficultés des relations qu'elle engendre, le pasteur déroule une période* de vingt lignes, ponctuée de points-virgules et de deux-points (*cf.* p. 81), qui révèle son habitude du style oratoire. Souvent d'ailleurs le récit est ponctué de maximes sentencieuses, qui résument une expérience: «Bien des choses se feraient facilement, sans les chimériques objections que parfois les hommes se plaisent à inventer» (p. 17). Les dialogues eux-mêmes frappent par leur économie toute classique, la précision du vocabulaire employé, loin de toute familiarité. Quelques traits suffisent, comme dans l'art oriental, pour évoquer tout un paysage, ou l'atmosphère d'une maison: «Je ne me souviens pas d'avoir jamais vu son empêchement si épais», dit le pasteur de la neige (p. 29), jouant avec subtilité de la qualité abstraite du nom, accolée au caractère concret de l'adjectif. Il note avec une complaisance d'artiste les problèmes de couleurs que pose l'éducation de Gertrude: «Je me rendais compte que son imagination ne parvenait à faire aucune distinction entre la qualité de la nuance, et ce que les peintres appellent, je crois, "la valeur"» (p. 51).

Quant aux réseaux des images, il semble qu'ils tournent autour de deux axes: l'inspiration évangélique, qui nourrit la réflexion du pasteur comme son langage, et les métaphores de l'eau, qui irriguent le récit tout entier: neige qui bloque les relations humaines au début, tout en favorisant l'écriture, qui fond au printemps avec l'éveil des sentiments de Gertrude; brume qui noie les contours des sommets; eau dormante du petit lac où sont enfouis les souvenirs du pasteur, eau courante qui emporte Gertrude désespérée ; la « description » du paysage, imaginé par la jeune fille au centre du roman, mime l'opération même de l'écriture du roman, dans un remarquable effet de mise en abyme.

SCHÉMA DES LIEUX

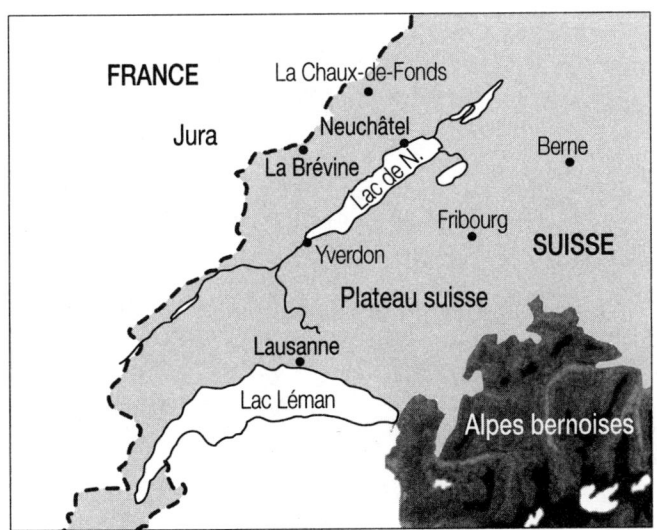

Neuchâtel
Audition de la *Symphonie pastorale*.
Monde du pasteur.

La Brévine
Monde de Gertrude.

Alpes bernoises
Excursion de Jacques.
Monde de Jacques.

Lausanne
Monde de Jacques (études de théologie).
Monde du docteur Roux (opération, recouvrement de la vue).

Lexique

VOCABULAIRE PROFANE

Alpenstock : (en allemand « bâton des Alpes ») bâton de montagne.

Conscience : faculté de porter des jugements de valeur morale.

Dialectique (de saint Paul) : ensemble des moyens mis en œuvre dans la discussion.

VOCABULAIRE RELIGIEUX

Abjurer : renoncer solennellement à une religion (ici protestante).

Apocalypse (en grec, « Révélation ») : dernier livre de la Bible, qui prédit la fin des temps.

Bible : livre saint des juifs (Ancien Testament) et des chrétiens (Ancien et Nouveau Testament).

Le Christ (en grec, l'« oint » du Seigneur) : Jésus de Nazareth, fils de Dieu fait homme, qui a sauvé les hommes du péché par sa Passion.

Christianisme : religion fondée sur la personne et l'enseignement du Christ. Comprend diverses confessions, parmi lesquelles le catholicisme et le protestantisme.

Communion : réception du sacrement de l'Eucharistie (le pain et le vin, corps et sang du Christ).

Se convertir : se tourner vers une autre croyance, estimée plus juste.

Épîtres (de Jean, de Paul) : lettres attribuées aux Apôtres dans le Nouveau Testament.

Évangiles (en grec, « Bonne nouvelle ») : livres de la révélation chrétienne (selon Matthieu, Marc, Luc et Jean).

Grâce divine : don de Dieu, aidant l'homme dans son chemin vers le salut.

« Notre Père » : prière centrale du chrétien.

Pâques : fête du christianisme, qui commémore la Résurrection du Christ, après sa Passion. Le fidèle y reçoit la communion.

Pasteur : ministre (au sens de serviteur) du culte protestant.

Protestantisme : religion issue de la Réforme au XVIe siècle, en rupture avec le catholicisme romain.

Table Sainte : l'autel, dont on s'approche pour recevoir la communion lors de l'office (messe catholique ou culte protestant).

Théologie : étude des questions religieuses.

CITATIONS LATINES

« *O fortunatos nimium, sua si bona norint, Agricolas !* » : « O trop heureux les paysans, s'ils connaissaient leur bonheur ! » (Virgile, 70-19 av. J.-C., *Géorgiques*, II, 458-9).

Gide modifie ainsi la citation : « ... *si sua mala nescient* », en commettant une erreur ; « *nesciant* » (subj. prés.) serait plus correct. Et son pasteur modifie le sens donné : « ... s'ils ignoraient leur malheur », en lui donnant une portée générale : « Combien heureux les hommes, s'ils pouvaient ignorer le mal » (p. 37).

VOCABULAIRE CRITIQUE

Adjuvant : personnage ou force favorable à l'action du héros.

Cadence majeure : élargissement du rythme d'un membre de phrase, par l'emploi de mots ou groupes de mots de plus en plus longs.

Déplacement : en psychanalyse, transfert de l'énergie psychique investie dans un objet sur un autre.

Diariste : auteur d'un journal intime.

Didascalie : dans une pièce de théâtre, indications, imprimées en italique, sur le jeu des acteurs et la mise en scène.

Focalisation interne : le récit est relaté du point de vue du narrateur (récit en première personne.)

Histoire : ensemble des événements narrés (s'oppose au récit).

Métaphore: transfert de sens par association d'idées.

Métonymie: transfert de nomination d'un concept à un autre, lié au premier par une relation nécessaire (tout/partie, contenant/contenu).

Mise en abyme: procédé du blason consistant à inclure dans le premier un deuxième identique, d'où : sujet d'un roman transposé symboliquement dans un de ses éléments.

Narrateur: la voix qui raconte l'histoire ; distinct de l'auteur.

Période (allure périodique) : phrase complexe liée à l'art oratoire.

Quiétisme (latin *quies*, repos) : confiance en Dieu.

Récit: manière de narrer l'histoire.

Syllogisme: raisonnement qui, à partir de deux prémisses (majeure et mineure), aboutit à une conclusion.

Citations remarquables

Projet d'écriture
« La neige, qui n'a pas cessé de tomber depuis trois jours, bloque les routes. Je n'ai pu me rendre à R... où j'ai coutume depuis quinze ans de célébrer le culte deux fois par mois. Ce matin trente fidèles seulement se sont rassemblés dans la chapelle de La Brévine.

Je profiterai des loisirs que me vaut cette claustration forcée, pour revenir en arrière et raconter comment je fus amené à m'occuper de Gertrude.

J'ai projeté d'écrire ici tout ce qui concerne la formation et le développement de cette âme pieuse, qu'il me semble que je n'ai fait sortir de la nuit que pour l'adoration et l'amour. » (p. 11)

Inspiration divine
« Il m'apparut soudain que Dieu plaçait sur ma route une sorte d'obligation et que je ne pouvais pas sans quelque lâcheté m'y soustraire. » (p. 16)

« Dieu mit en ma bouche les paroles qu'il fallait pour l'aider à accepter ce que je m'assure qu'elle eût assumé volontiers si l'événement lui eût laissé le temps de réfléchir. » (p. 25)

Une âme emmurée
« Hôtesse de ce corps opaque, une âme attend sans doute, emmurée, que vienne la toucher enfin quelque rayon de votre grâce, Seigneur ! » (p. 18)

« – Qu'est-ce que tu as l'intention de faire de ça ? reprit-elle [...] » (p. 21)

Roman de l'éducation
« Il me faut avouer ici la profonde déception où je me sentis sombrer les premiers jours. Certainement je m'étais fait tout un roman de l'éducation de Gertrude, et la réalité me forçait par trop d'en rabattre. » (p. 31-32)

« Durant des jours et des semaines, il s'obstina à lui faire toucher et palper alternativement deux petits objets, une épingle, puis une plume, puis toucher sur une feuille imprimée à l'usage des aveugles le relief de deux mots anglais : *pin* et *pen.* Et durant des semaines, il n'obtint aucun résultat. Le corps semblait inhabité. » (p. 35)

Premier sourire

« Le 5 mars. J'ai noté cette date comme celle d'une naissance. C'était moins un sourire qu'une transfiguration. Tout à coup ses traits *s'animèrent* ; ce fut comme un éclairement subit, pareil à cette lueur purpurine dans les Hautes Alpes [...] » (p. 42)

Les sons et les couleurs

« Je l'invitai à se représenter de même, dans la nature, les colorations rouges et orangées analogues aux sonorités des cors et des trombones, les jaunes et les verts à celles des violons, des violoncelles et des basses ; les violets et les bleus rappelés ici par les flûtes et les hautbois. » (p. 52)

« Ainsi j'expérimentais sans cesse à travers elle combien le monde visuel diffère du monde des sons [...] » (p. 54)

La beauté

« – Est-ce que vraiment ce que vous voyez est aussi beau que cela ? dit-elle enfin.
– Aussi beau que quoi, ma chérie ?
– Que cette "*scène au bord du ruisseau*".
Je ne lui répondis pas aussitôt [...] » (p. 55-56)

« – Eh bien ! dites-moi tout de suite : Est-ce que je suis jolie ?
Cette brusque question m'interloqua [...] » (p. 58)

Amour

« Un instinct aussi sûr que celui de la conscience m'avertissait qu'il fallait empêcher ce mariage à tout prix. » (p. 77)

« Tes sentiments, dis-tu, n'ont rien de répréhensible ; moi je les dis coupables parce qu'ils sont prématurés. » (p. 78)

« Aujourd'hui que j'ose appeler par son nom le sentiment si longtemps inavoué de mon cœur, je m'explique à peine comment j'ai pu jusqu'à présent m'y méprendre. » (p. 99)

« Non, je n'accepte pas de pécher, aimant Gertrude. Je ne puis arracher cet amour de mon cœur même [...] » (p. 132)

« – Vous savez bien que c'est vous que j'aime, pasteur... Je ne vous parlerais pas ainsi si vous n'étiez pas marié. Mais on n'épouse pas une aveugle. » (p. 95)

« – Mon ami, je vais vous faire beaucoup de peine [...] Quand j'ai vu Jacques, j'ai compris soudain que ce n'était pas vous que j'aimais ; c'était lui. » (p. 146-147)

L'Évangile dans la joie

« Est-ce trahir le Christ, est-ce diminuer, profaner l'Evangile que d'y voir surtout une *méthode pour arriver à la vie bienheureuse* ? L'état de joie, qu'empêchent notre doute et la dureté de nos cœurs, pour le chrétien est un état obligatoire [...] Le seul sourire de Gertrude m'en apprend plus là-dessus que mes leçons ne lui enseignent. » (p. 107)

Le péché

« – Quand vous m'avez donné la vue, mes yeux se sont ouverts sur un monde plus beau que je n'avais rêvé qu'il pût être ; [...] Mais [...] quand je suis entrée chez vous [...] ce que j'ai vu d'abord, c'est notre faute, notre péché. Non, ne protestez pas. Souvenez-vous des paroles du Christ : "Si vous étiez aveugle, vous n'auriez point de péché." Mais à présent, j'y vois [...] » (p. 145)

Ironie

« – Que veux-tu, mon ami, m'a-t-elle répondu l'autre jour, il ne m'a pas été donné d'être aveugle.

Ah ! que son ironie m'est douloureuse [...] » (p. 114)

Épilogue

« J'aurais voulu pleurer, mais je sentais mon cœur plus aride que le désert. » (p. 149)

Jugements critiques

Le récit gidien
« Premier caractère, [...] **la brièveté**. Des sept récits gidiens, seul *Robert* sera plus court que *La Symphonie*. Brièveté, concentration qui convient à la nature du récit, lequel n'est pas recréation du foisonnement complexe et indéfini de la vie, mais sélection, abstraction – choix dans les deux dimensions narratives : celle de la **chronologie**, où l'on isole un segment de temps bien défini, avant lequel et après lequel il n'y a que ténèbres [...] ; celle de l'**extension spatiale**, où l'on isole **une** aventure particulière d'un personnage **unique**, à l'exclusion des autres drames. »

Claude Martin, éd. de *La Symphonie pastorale*, Introduction, Lettres modernes, 1970.

Transparence
« La transparence de *La Symphonie pastorale* peut encore tromper. Cette "tromperie" n'appartient pas seulement au sujet ; elle est une ruse de l'art. Gide lui-même dit assez bien ce qu'il faut penser des chefs-d'œuvre d'accès apparemment facile : "La très grande clarté, comme il advient souvent pour nos plus belles œuvres françaises [...] est, pour défendre une œuvre la plus spécieuse ceinture ; on en vient à douter qu'il y ait là quelque secret. Mais on revient dix ans après et l'on entre plus avant encore". »

Marc Dambre, *La Symphonie pastorale d'André Gide*, Gallimard, 1991.

Éducation
« *La Symphonie pastorale* est, en partie, une satire de l'éducation qui, si elle mène à cette profonde relation spirituelle où elle peut faire le plus de bien, corrompt à la fois le maître et l'élève. »

George D. Painter, *Gide*, Mercure de France, 1968.

« Entre [père et fille], il n'y a pas différence, mais altérité. L'identification de l'un à l'autre et de l'autre à l'un est donc impossible. L'éducation peut cependant apparaître comme le moyen de tourner la difficulté. Le père peut espérer faire de sa fille ce qu'il veut qu'elle soit, ce qui est aussi une forme narcissique de l'amour. La seule forme d'amour qu'on puisse éprouver pour sa fille. »

Cécile Delorme, « Narcissisme et éducation dans l'œuvre romanesque d'A. Gide », *André Gide 1*, Lettres modernes, 1970.

Le Diable
« *La Symphonie pastorale* est une première expérience, contrôlée et circonscrite, des méthodes et des succès du diable. Tout comme Michel, Lafcadio et les autres, le pasteur n'est qu'un aspect de la personnalité de Gide, laissé libre de faire le mal [...] Le diable triomphe en fait sur toute la ligne ; et bien que *La Symphonie pastorale* paraisse rayonner de chaleur et de joie, c'est en réalité le livre de Gide le plus sombre et le plus dur. »

George D. Painter, *op. cit.*

Gide et le pasteur
« Le personnage représente moins une autocritique de son auteur que le développement d'un des **possibles** de celui-ci [...]. Une fois de plus se vérifiait ce qui est chez Gide principe de vie tout autant que principe de création et dont il a maintes fois donné la formule : "Ce qui manque à chacun de mes héros [...] c'est ce peu de bon sens qui me retient de pousser aussi loin qu'eux leurs folies". [*Journal des Faux-Monnayeurs.*] »

Claude Martin, *op. cit.*

Le bras cassé
« Tout se passe comme si le pasteur, pressentant que Jacques va le supplanter dans le domaine religieux [...] et dans son amour pour Gertrude, l'avait ainsi mutilé. Il tente de prévenir le meurtre du père [...] [Jacques] reste mineur, soumis pour le lecteur à l'optique du père-scripteur qui espère le réduire ainsi à son point de vue de rival inconscient. »

Alain Goulet, « La figuration du procès littéraire dans l'écriture de *La Symphonie pastorale* », *André Gide 3*, Lettres modernes, 1972.

Suicide
« "Dans quelle nuit abominable je plonge."

Gertrude, jusque-là jouet aveugle de l'écriture, est devenue, penchée sur l'écoulement de la rivière, lectrice du texte : elle voit maintenant, elle y lit l'amour impossible, le mal et le désordre dont elle a été l'occasion. Se mettre en travers du texte, c'est vouloir mettre un point final tragique à son déroulement dramatique [...]. Son suicide rend à l'eau trouble du texte sa limpidité. »

Alain Goulet, *op. cit.*

Index thématique

Amour : 11, 32, 36, 42, 95, 106, 107, 114, 119, 127, 131.

Amour de Dieu : 36, 41, 106, 112, 118, 127, 131, 134.

Amour de Gertrude et de Jacques : 69-71, 73-78, 83-86, 94-96, 110, 123, 146-147 ; de Gertrude et du pasteur : 18, 56, 62, 70-71, 74, 78, 85-87, 95-96, 99-101, 112, 122-128, 130, 132, 134, 137, 143 ; du pasteur et d'Amélie : 63, 88, 116.

Angoisse du pasteur : 31-33, 39, 63-64, 69-80, 82, 86, 102-103, 129, 132, 134, 137, 139-140, 143-144, 146-149.

Aveuglement : 84-88, 111.

Beauté de Gertrude : 18, 58, 122, 142 ; de Jacques : 78 ; du monde imaginaire : 37-38, 55-56, 91-93 ; du monde réel : 12-13, 45-47, 89-90, 125, 139, 145.

Bonheur dans l'absence du péché : 107 ; dans la cécité : 36-37, 56, 107-108 ; dans l'ignorance, l'illusion : 38, 56, 113, 124 ; dans la musique : 55-56, 60, 69 ; dans la soumission à la Loi : 106, 112 ; dans la joie : 29, 42, 107, 112, 114, 118-121 ; dans l'amour de Dieu : 127, 130-131.

Cécité : 15, 33, 38, 56, 61, 66, 90, 92, 95, 100, 108, 114, 117-120, 126-129, 144-145.

Éducation : 34, 36, 39, 48.

Extase : 42, 46, 96, 131.

Fleurs, des champs : 136 ; des montagnes : 93 ; joncs tressés avec les cheveux de Gertrude : 122-123 ; lis des champs : 90-92 ; myosotis : 139-142.

Gertrude : 15, 16, 20, 30-33, 36-39, 43-44, 49, 56, 65-68, 82-89, 96, 100-102, 104-107, 110-114, 117-120, 122-139, 141-148.

Harmonie : 119-120.

Ironie : 73, 114.

Larmes : 57-58, 62, 139, 143-144, 149.

Louise de la M... : 68, 85-86, 101-102, 117-121, 137-139, 141-142, 147-148.

Mariage : 83-95, 100, 127, 147.

Martins (docteur) : 33, 38, 109, 117, 126, 129, 136, 138.

Mésentente : 22, 39, 81-88, 113-117.

Musique : 68, 73, 86, 120. **Danse :** 119-20.

Neige : 11, 29, 44, 99, 122.

Nuit : 12-13, 18, 76, 99, 131, 137.

Pasteur (fonction) : 11-17, 21, 25, 30, 39-40, 56, 59, 81, 91, 95, 99, 101, 104-108, 111-113, 115, 125, 127, 131-132, 135, 148 ; (homme) : 17, 24-28, 31-34, 37-39, 41, 46-48, 54, 57-58, 63-64, 68, 71-80, 81-88, 94-96, 99-101, 109-111, 116-119, 122-128, 134-135, 149.

Famille du pasteur : **Amélie :** 19-26, 30, 39-41, 59-64, 82-89, 100-103, 113-116, 121, 124, 135-137, 144, 149 ; **les enfants :** 20, 71, 81-82, 115 ; **Charlotte :** 20, 28, 31, 67, 115, 136 ; **Claude :** 23, 115 ; **Gaspard :** 115, 136 ; **Jacques :** 22, 49, 68-69, 71-80, 81-86, 94-95, 101-106, 110-113, 123, 146-149 ; **Sarah :** 22, 24, 31, 116-117, 136-137 ; **la servante Rosalie :** 26, 115, 136.

Roux (docteur) : 109, 129, 132-133.

Sonorités : 51-53, 56, 90, 92.

Sourire : 36, 41-42, 107, 139.

Suicide : 138-139, 143.

Symphonie pastorale : 51, 55.

Thèmes bibliques

Brebis perdue (Matthieu, XVIII, 12-14 ; Luc, XV, 3-7) : 23, 41.

Enfant prodigue (Luc, XV, 11, 32) : 61.

Lis des champs (Luc, XII, 27 ; Matthieu, VI, 25-34) : 90-92.

Multiplication des pains (Matthieu, XIV, 13-21 ; XV, 32-34, etc.) : 112.

Noces de Cana (l'eau changée en vin, Jean, II, 1-11) : 112.

Pardon des offenses (Matthieu, XVIII, 21-22) : 39.

Piscine de Béthesda (guérison du paralytique, Jean, V, 2-4) : 42.

Citations du *Nouveau Testament*

« Celui qui est fidèle dans les petites choses… » : Luc, XVI, 10 (p. 64).

« Dieu est lumière… » : Première épître de saint Jean, I, 5 (p. 107).

« Et je vous dis en vérité que Salomon même... » : Matthieu, VI, 29 (p. 92).

« Je sais et je suis persuadé par le Seigneur... » : saint Paul, Épître aux Romains, XIV, 14 (p. 112).

« Je suis la lumière du monde... » : Jean, VIII, 12 (p. 108).

« Je te rends grâce, ô Dieu, ... » : Luc, X, 21 ; Matthieu, XI, 25 (p. 92).

« Mais si, pour un aliment, ton frère est attristé... » : Épître aux Romains, XIV, 15 (p. 112).

« N'ayez point l'esprit inquiet... » : Matthieu, VI, 25 [et non XII, 29 comme l'indique Gide par erreur] et Luc, XII, 22 (p. 65).

« Ne cause point par ton aliment... » : Épître aux Romains, XIV, 15 (p. 113).

« Le péché a pris de nouvelles forces... » : Id., VII, 13 (p. 108).

« Pour moi, étant autrefois sans loi... » : Id., VII, 9-10 (p. 145).

« Que celui qui ne mange pas... » : Id., XIV, 2 (p. 111).

« Si ton œil [le droit, te scandalise...] : Matthieu, V, 29 ; Marc, IX, 47 (p. 112).

« Si un homme a cent brebis... » : Matthieu, XVIII, 11-12 (p. 41).

« Si vous étiez aveugle[s]... » : Jean, IX, 41 (p. 107 et 145).

« Si vous ne devenez semblables à de petits enfants... » : Matthieu, XVIII, 3 (p. 106).

Sujets de travaux

COMMENTAIRE COMPOSÉ

Les lis des Champs
p. 90 à 93 : de « Je voudrais que vous me disiez » à « ce que tu caches aux intelligents ». (*Cf.* commentaires p. 42-44)

Introduction
Le passage s'inscrit au centre du roman et de l'action. Après deux scènes pénibles avec Jacques et Amélie, le pasteur emmène Gertrude en promenade à un point du Jura, d'où l'on aperçoit au loin les « Alpes blanches ». La jeune fille interroge le pasteur sur l'existence des « lis des champs » évoqués dans l'Évangile (Voir Index, thèmes bibliques). Au scepticisme du pasteur s'opposent la confiance et l'imagination de Gertrude.

1. Un dialogue subtil
Le dialogue suit une **courbe harmonieuse**. Les répliques du début sont brèves, constituées de questions/réponses. Puis Gertrude s'étend longuement sur les fleurs du paysage, qu'elle imagine à travers le texte de l'Évangile. Suit un échange en écho sur la beauté des lis, que complète un nouvel élan de Gertrude, qui cite les paroles du Christ comparant les lis et la gloire de Salomon. C'est le pasteur qui clôt le dialogue par une sentence (« ceux qui ont des yeux sont ceux qui ne savent pas regarder »), que couronne l'action de grâces qu'il sent monter à lui.

Le rythme du dialogue est également remarquable. Gertrude pose trois fois la même question au pasteur, avec une insistance qui l'irrite. Elle atténue la première par l'emploi du conditionnel et du verbe vouloir : « Je voudrais que vous me disiez si... » Puis elle s'exprime directement, à propos des lis mêmes, et des lieux où ils pourraient pousser. Le pasteur répond patiemment par des explications, puis nie, deux fois dans les mêmes termes, leur existence. À la garantie de l'Évangile, le pasteur oppose l'histoire. Toutes les répliques ont exactement la même longueur, de une à trois lignes. Le deuxième dialogue fonctionne en écho, en déclinant avec symétrie les cas de comparatifs. Mais l'essentiel est réservé à Gertrude dans deux longs passages.

2. La splendeur des lis

Alors que le pasteur se situe dans la **réalité**, Gertrude se meut dans un **monde idéal**, celui de la confiance et de l'amour, selon le message évangélique que lui a transmis le pasteur. De l'**écoute** de la parole, elle passe donc à la **contemplation**, avant de redire, de «sa voix si mélodieuse», et «pensivement», le texte sacré. Elle a une «vision», au sens propre du terme, plus forte que la simple perception.

Les simples lis des champs, en qui les commentateurs voient des fleurs courantes, deviennent des **fleurs mystiques**, dont les formes et les couleurs appartiennent à la tradition chrétienne: cloches de flammes et d'azur (rouge et bleu, mais aussi flamme de l'amour divin et pureté du monde céleste), parfums métaphoriques de l'amour, vent du soir qui évoque l'apaisement après la chaleur du jour. Le rythme poétique de la prose (octosyllabes et décasyllabes), les reprises de mots, les sonorités claires et harmonieuses (liquides associées à des occlusives et des sifflantes: cloche, flamme, emplies; sifflantes: parfum, vent, soir) contribuent à la magie du passage.

3. De l'impatience à l'action de grâces

Le pasteur sert ici essentiellement de **faire-valoir** à Gertrude. Son ton sentencieux, ses négations répétées à des questions qu'il juge oiseuses, son acharnement à refuser l'existence des lis, ne font qu'exalter davantage la jeune fille, la diriger dans le surnaturel. Puis l'attitude du pasteur se modifie du tout au tout après la «vision»: il passe de «Gertrude» tout court à «ma Gertrude», avec une nuance d'affection plus marquée, entre dans son jeu; leurs chants alternés tournent autour des mots «beaux» et «voir».

À la fin le pasteur tire la morale de l'échange en opposant **aveuglement et cécité**, et l'intensité de son émotion se résout en action de grâces. Ainsi la dialectique du regard se double-t-elle de celle de la révélation: Dieu s'adresse en premier aux humbles, aux «pauvres en esprit».

Conclusion

Le passage est remarquable par l'habileté des dialogues, le lyrisme, les nuances qu'il apporte à la connaissance des personnages. Mais peut-être aussi par l'**ironie discrète** que peut contenir la prière du pasteur, si celui-ci se place parmi «les intelligents».

SUJETS DE RECHERCHE
(en s'aidant de l'index)

– Portrait du pasteur.
– L'évolution de Gertrude.
– Amélie et Mlle de la M…
– Jacques ou la soumission.
– La montagne.
– La symbolique de l'eau.
– Espace et temps.
– Récit et histoire.
– L'ironie.
– Amour humain, amour divin.
– L'utilisation de la Bible.
– Cécité et aveuglement.
– Gide et ses personnages.
– L'esprit d'enfance.

Bibliographie essentielle

Biographies de Gide
Claude MARTIN, *Gide*, « Écrivains de toujours », Seuil, 1963.
George D. PAINTER, *Gide*, Mercure de France, 1968.
Jean-Jacques THIERRY, *Gide*, Hachette, 1986.

Éditions
La Symphonie pastorale, édition de Claude Martin, Lettres modernes, Minard, 1970.
Romans, récits, œuvres lyriques, Pléiade, Gallimard, 1958.
La Symphonie pastorale, Folio, Gallimard.

Autour de *La Symphonie pastorale*
La Sainte Bible, édition Osty, Seuil, 1973.
André GIDE, *Numquid et tu...?* (1916-19), in *Journal I*, Pléiade, Gallimard, 1939.
André GIDE, *Si le grain ne meurt*, *Et nunc manet in te*, in *Journal II*, *Souvenirs*, Pléiade, Gallimard, 1952.

Études
Jean DELAY, *La Jeunesse d'André Gide*, 2 vol., Gallimard, 1956, rééd. 1992.
Marc DAMBRE, *La Symphonie pastorale d'André Gide*, Foliothèque, Gallimard, 1991.
Alain GOULET, *Fiction et vie sociale dans l'œuvre d'André Gide*, Minard, 1985.
Michel RAIMOND, *La Crise du roman, des lendemains du naturalisme aux années vingt*, Corti, 1968.

Articles
Cécile DELORME, « Narcissisme et éducation dans l'œuvre romanesque d'André Gide », *André Gide 1*, Revue des Lettres modernes, 1970.
Alain GOULET, « La figuration du procès littéraire dans l'écriture de *La Symphonie pastorale* », *André Gide 3*, 1972, p. 27-56.

Filmographie
La Symphonie pastorale, film de Jean Delannoy, adaptation de J. Aurenche et P. Bost, avec Michèle Morgan et Pierre Blanchar, 1946.

Discographie
Beethoven, *La Symphonie pastorale*, Furtwängler, Karajan, Harnoncourt, etc.

Table des matières

REPÈRES

La vie d'André Gide	3
Chronologie	7
L'œuvre littéraire	13
Sommaire de *La Symphonie pastorale*	17
Les personnages	18

RÉSUMÉS ET COMMENTAIRES 19

SYNTHÈSE LITTÉRAIRE

Une rédaction rapide et chaotique…	69
… Mais un très ancien projet	70
Éducation et cécité	70
Un cadre austère	71
L'éveil de Gertrude	71
« La symphonie pastorale »	72
Éros et Agapé	72
Gide et son personnage	73
Une structure apparemment classique	73
Une chronologie incertaine	74
Clôture et ambiguïté	75
Un style de vie et d'écriture	76
Schéma des lieux	77

ANNEXES

Lexique	79
Citations remarquables	82
Jugements critiques	85
Index thématique	87
Sujets de travaux	91
Bibliographie essentielle	95

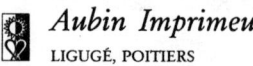

Achevé d'imprimer en février 1994
N° d'édition 10020289-(II)-5-OSB 80°
N° d'impression L 44761
Dépôt légal février 1994 / Imprimé en France